P9-AFO-809

La arboleda perdida

Quinto libro
(1988-1996)

Biblioteca Alberti

Rafael

Alberti

La arboleda perdida

Quinto libro
(1988-1996)

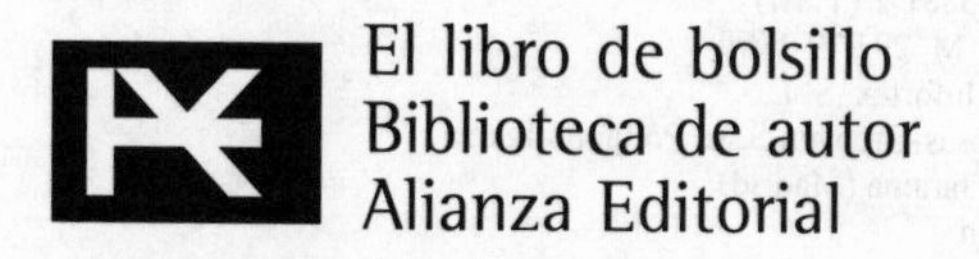

Diseño de cubierta: Alianza Editorial
Ilustración: Dibujo del autor, «Primavera». Carpeta Cuatro estaciones (detalle). © Rafael Alberti. El Alba del Alhelí. VEGAP, Madrid, 1999
Proyecto de colección: Odile Atthalin y Rafael Celda
Fotografías: Colección privada de Rafael Alberti

Calle Juan Ignacio Luca de Tena, 15; 28027 Madrid; teléf. 91 393 88 88
ISBN: 84-206-3623-1 (O. C.)
ISBN: 84-206-3881-1 (T. III)
Depósito legal: M. 29.979-1999
Compuesto en Infortex, S. L.
Impreso en Closas-Orcoyen S. L. Polígono Igarsa
Paracuellos de Jarama (Madrid)
Printed in Spain

La arboleda perdida
Quinto libro
(1988-1996)

La Arboleda perdida

A María Asunción,

a David y Marta,

sus hijos, que también han sabido ser los míos.

Rafael Alberti

Recupero el hilo de mi Arboleda perdida, *nunca olvidada, con este quinto libro de memorias, cincuenta y seis años después de haber comenzado aquel primero durante mi breve exilio francés. Ya en Argentina, en mi casa del bosque Leloir, en Castelar, cerca de Buenos Aires, comencé mi segundo libro. Tenía entonces cincuenta y un años.*

Mi editor y queridísimo inolvidable amigo Jacobo Muchnik logró con tenaz insistencia y alguna que otra cariñosa reprimenda que, seis años después, yo pusiera punto final a aquella entrega que completaría así el primer tomo. Hoy, feliz y celebrada coincidencia, es su hijo Mario quien me apremia para que acabe esta última parte, pues pocas hojas verdes le van quedando ya a esta vieja y casi centenaria arboleda de mi vida a los noventa y tres años. Aunque todavía guarda el ingenuo sueño de durar lo que cualquier drago, ese fantástico árbol que crece olvidado por el tiempo.

Ahora, cuando casi está concluyendo este siglo que vi despertar junto al que he caminado infatigable, y nos espera la incógnita del año 2000, siento que me traspasa una especie de extraño escalofrío, y recorro una y otra vez las páginas de mis arboledas. Muchas ramas habré dejado olvidadas a lo largo del camino, pero creo que he ido contando aquellas que podían tener más interés con todo el claro esplendor o el desencanto con que las viví.

En esta larga y casi milagrosa travesía hacia mi río del Olvido, ese Guadalete que por mi pueblo discurre bajo el puente de San Alejandro y con cuyas aguas me veré confundido un día no muy lejano, me han acompañado, en momentos muy distintos de mi vida, María Teresa y María Asunción. Ellas, con esa sabia entereza que sólo poseen las mujeres, han sido los auténticos ángeles en momentos muy distintos de mi vida, los pilares más firmes y sólidos que han alentado mi desánimo, que han sabido convertir en cálidos muchos momentos difíciles, impulsando con serena inteligencia mis proyectos y manteniendo siempre a babor el timón de la, tantas veces, insegura vida cotidiana de este pobre poeta con sueños marineros, eternamente inútil para enfrentarse a los avatares en tierra firme.

Abrí la primera página de La arboleda perdida *con mi nacimiento una noche de tormenta en el Puerto de Santa María. Hoy, coincidiendo con otro día de tormenta, también un 16 de diciembre, quiero cerrarla mientras contemplo ensimismado el fuego de la chimenea en Ora Marítima, mi última casa en esta pequeña ciudad surgida a orillas de la milenaria bahía que me abrió los ojos a los primeros azules, a los blancos deslumbrantes de sus cales hirientes... Desde aquí, cada día me siento más cerca de aquel camino que conducía a un melancólico lugar de retamas blancas y amarillas en el que todo sonaba a perdido. Y, poco a poco, me voy adentrando, esta vez ya definitiva e irremediablemente, en ese golfo de sombras que entonces anuncié, con la ilu-*

sionada y tal vez vana esperanza de que el paso del tiempo no borre mis huellas de tantos caminos recorridos. Sobre todo, aquellas apresuradas y menudas que, casi al amanecer, me llevaban cada día con los ojos todavía entornados por el sueño hacia mi colegio de los jesuitas de San Luis Gonzaga...

RAFAEL ALBERTI
diciembre 1995

No lo puedo afirmar, amor. Yo no lo sé. Yo no sé nada. Sólo puedo decir que fue esa noche tu primera bajo la tierra, mejor, en un nicho sobre la tierra de un blanquísimo cementerio de Majadahonda, la ciudad casi serrana de las afueras madrileñas, en donde tú, ya completamente perdida, ausente, en la clínica Ballesol, pasaste los seis últimos años de tu vida.

Pero ya no sé, ni podré saber nunca, si has desaparecido, si estás hoy aquí hablando sola con nosotros, en este día de huelga general en toda España. Moriste un martes 13, y te acaban de enterrar un miércoles 14, aquí, lejos de Madrid, rodeada de unos veinte amigos, que han podido llegar para acompañarte, entre los que se encuentra el padre José María Díez Alegría, que pronunció unas fervorosas palabras de despedida. Todos nos vamos del cementerio, menos yo, que me voy, pero sin irme, y que sin verte he comenzado a hablar contigo, con bastante claridad, pero con desorden, sonriendo, riendo, ya que empiezas a escribir, que cantas, que penas entre los árboles, entre el frío claro del otoño, pisando las hojas carmines y doradas. Empiezas de nuevo a revivir. Me dices que vas a comenzar una nueva novela, a asistir por la tarde a la televisión, a rodar otra película allá, en Buenos Aires, a volver por las playas frente a Nules. Allí te esperan las Guerrillas del Teatro. Edmundo Barbero y Santiago Ontañón nos acompañan. Viene esta tarde con nosotros Gerda Taro, la bellísima y genial fotógrafa húngara. La acaba de matar un tanque en Brunete. Fuimos los dos a buscarla a El Escorial, en donde la hallamos abandonada, como una desconocida, sobre una tabla en la enfermería de un hospital. ¡Oh terribles y bellos años, en los que tú, con tu pistola al cinto, estabas más relumbrante que nunca! ¿Adónde vamos ahora? Parece que se marchan las Brigadas Internacionales, que tú las despedirás representando el papel de España en mi *Cantata de los héroes* en un teatro de Valencia.

Afirman tantos que después de la muerte no hay absolutamente nada... Mas yo creo que no, compruebo que no es eso verdad, pues estoy hablando contigo, y puedo cambiarte la edad y a la vez hacer que tu melena se vuelva rubia, de dorados centelleantes, volviendo a la penumbra de aquel palco o a aquellas playas de los veinte años, a los balcones nocturnos de las islas, o a los dulces crepúsculos madrileños con las plomizas torres de El Escorial al fondo. Siento estar renaciendo las nuevas ramas de *La arboleda perdida*, las ramas de tu muerte de hoy que me llevarán a un tercer volumen de memorias. Yo ahora voy a cumplir los años al revés. Acabo de alcanzar, a los pocos días de después de tu muerte, ochenta y seis años de edad, pues el año que viene cumpliré ochenta y cinco; y al siguiente ochenta y cuatro, hasta llegar, bajando, a los veintitrés, años en que yo casi abandonaba la pintura y comenzaba a escribir *Marinero en tierra*. Así iré encontrando episodios de la memoria, de los que nunca he hablado. Ven tú ahora, cuando yo me creí que me ibas a engañar, y era lo cierto que era yo quien pensaba engañarte a ti. ¡Cuántas cosas que no nos hemos contado! «Esta mañana, amor, tenemos veinte años.» Y no me refiero ahora a aquel momento en que de verdad los teníamos. Me refiero a hoy, a hoy mismo, cuando acabas de aparecer de la tierra reciente, ahora que tienes ochenta y cinco, pero que no los tienes y acabas de regresar a aquellos verdaderos de las playas gaditanas, aquellas de *Sobre los ángeles* o casi de los marineros colegiales.

Hace más de seis años que dejaste de hablar, en los que pronto inclinaste la cabeza, casi cerraste los ojos y apenas mínimos murmullos dejabas escapar por tus labios. ¿Por dónde anduviste? ¿Qué selva de árboles, flexibles, con hojas y ramas como de nubes, crearon tu vivienda? Yo no podía seguirte. Mis manos no llegaban a tocarte. Pero ahora sí, aunque seas impalpable y esta noche quizá desaparezcas para siempre. No sé. Estoy seguro de que eso no sucederá. Porque yo no duermo, no suelo dormir casi nunca, y tendrás que reaparecer muchas veces: entera o fragmentaria. Es lo mismo, chorreada como el eco de un río o restos de penumbras impalpables, quién sabe si allá por Talavera o por Daimiel, cuando descubríamos aquellos dos cuadros de El Greco, que Christian Zervos catalogó entre los trece del pintor de Toledo hallados en la guerra -¡oh maravilla!- en el momento que aquel extraño tipo llegó para incautarse de la Alianza de Intelectuales en nombre de la «contraguerra», y tú, con tus manos muy blancas, lo acorralaste a bofetadas. ¡Qué bien lo recuerdo! ¡Ah! No quisimos llevarte ninguna bandera roja, aunque ésa fue siempre tu bandera, y reposas bajo un trozo ideal de ella sobre tu cuerpo. Vamos. Pocos se acordaron de ti hasta ahora. Debimos haber, de todos modos, cantado algo, alguna cancioncilla de la guerra, aunque divertida como aquella que comenzaba:

En un chozo de la sierra
está el batallón alpino,
donde a la hora de comer
todos se tocan el pito.

¡Cuánto te gustaba! Y la cantaron sólo para ti aquel día sobre El Escorial. No me gustan los discursos solemnes, y menos cuando, después de muerto, no puede uno protestar.

Esperemos que se vaya todo el mundo. Dejaremos vacía esa caja, ese nicho en el que por ahora estás, y correremos hacia el teatro de la Zarzuela, aquel que tú dirigías durante la guerra. Esta noche se va a estrenar *Numancia,* de Cervantes, adaptada por mí para la defensa de Madrid. Tuvimos mucho éxito. Los decorados de Santiago Ontañón fueron soberbios, con aquella muralla que se alzaba de pronto para separar el campo romano del numantino. Luego saltaremos a Buenos Aires, al Río de la Plata, a las riberas del alto Paraná, en donde, entre las altas iguanas y los loros, pasaremos el verano, junto a aquellos gauchos de origen irlandés, de bellos ojos celestes, desde donde veremos pasar hacia Rosario los grandes transatlánticos italianos, y, sobre el Tíber romano, volar las gaviotas venidas de las playas cercanas a Fiumicino, en donde alternan con el vuelo de los aviones.

Contigo voy a comenzar ahora la tercera de mi *Arboleda perdida,* en donde irán tantas páginas que faltan, tanto aire respirado juntos, tantos bellos y oscuros secretos nunca revelados. Y aparecerán los poemas que no se hicieron, los más bellos del comienzo, los más secretos, los más bellos retornos de los bosques nocturnos:

Son los bosques, los bosques que regresan, aquellos
donde el amor volcado se pinchaba en las zarzas
y era como un arroyo feliz, encandecido
de pequeñas estrellas de dulcísima sangre.
Los bosques de la noche, con el amor callado,
sintiendo solamente el latir de las hojas,
el profundo compás de los pechos hundidos
y el temblor de la tierra y el cielo en las espaldas.
¡Qué consuelo sin nombre no perder la memoria,
tener llenos los ojos de los tiempos pasados,
de las noches aquellas en que el amor ardía
como el único dios que habitaba los bosques!

Van a cerrar el cementerio. Ya es de noche. Salgamos.

Aunque parezca mentira, aquel arrebatador caballo cartujano de la Escuela Ecuestre de Jerez se llamaba *Soneto,* siendo, bajo este inesperado nombre, un prodigio de blancura, de línea impecable, bailarín consumado, del que una vieja alemana, profesora de equitación, estaba enamorada, y todos los años regresaba de su país trayéndole regalos, recibiendo innumerables caricias y besos de *Soneto,* que se exaltaba en su baile cuando sabía que su anciana admiradora lo estaba contemplando.

Yo, por aquellos veraniegos días de mi estancia en El Puerto, estaba dando recitales por distintas ciudades y pueblos, teniendo la ocasión de admirar a estos caballos cartujanos, estos emocionantes seres angélicos, brotes de la campiña jerezana, colgada de racimos de lustrosas uvas bajo los soles de septiembre. A ellos dediqué como alabanza estas sextinas reales:

De frente o de perfil, quietos, volando,
blancos, gráciles, puros, inocentes,
rayos de luz divinos y crecientes,

ciega y pura armonía galopando,
sois los altos caballos inmortales,
hijos del sol y espumas musicales.

¿Quién no lo ve y a quién no le extasía
vuestro rítmico paso, vuestra pura
perfecta nitidez, vuestra mesura,
vuestro sentido de la geometría?
Sois las medidas y exaltadas luces
que suben de los campos andaluces.

Yo os quisiera cantar, aunque quisiera,
incluyendo las gracias del jinete
que dulce y duramente os compromete,
el alma que la música os trajera,
sabios jinetes hondos, soberanos,
en caballos, caballos cartujanos.

Y nada más, caballos que en el viento
iréis siempre en mi solo pensamiento.

Mientras yo resbalaba de versos tantos atardeceres de la provincia gaditana, comenzaron a morir, tocados de no sé qué maldita epidemia, centenares de aquellos prodigiosos caballos que habían llenado del sonar de sus cascos tantos cielos y paisajes casi solamente creados para ellos.

Pensé morir en aquellos mismos días, encontrándome tan solo en los espacios con sonidos de equinos invisibles, pero reales a la vez, que no eran sino el anticipo de que por fin llegaba su muerte, su esperada muerte, desde hacía casi seis años, que aunque no había sido verdad era registrada como si lo fuera, pues el hecho o simulacro de enterrarla había sucedido en aquella mañana ante 20 o quizá 30 personas. ¡Oh, Señor, oh Señor!

No es posible escribir en medio de tanta confusión, entre dibujos, versos o prosas desvencijadas, cuando se presentan en el sueño o pesadillas tantas cosas terribles que uno no quisiera se presentaran, algunas blandidas de cuchillos, de tijeras para cortar sonando, de chirridos, de rendijas o cosas que no quisiéramos haber visto jamás o no deseado imaginar nunca.

Vámonos mejor por ahí, en la noche, a saber cómo ha salido *El hombre deshabitado,* si fue mejor representada esta tarde –bajo la sorprendente dirección de Emilio Hernández–, si después de hora y media de silencio el público prorrumpió con un aplauso lleno de sorpresa o un murmullo de frialdad por no haber comprendido casi nada. ¡Viva el exterminio! ¡Muera la podredumbre de la actual escena española! Tuvo que llegar la policía para desalojar el teatro. Pero ya la gente se había marchado. Indudablemente eran muchos podridos. Pero creo que ahora hay muchos más. No podemos escabullir al autor entre tantas luces, cimbreos de culos y canciones que sólo te inspiran a masturbarte: «Buscad, buscadlos: en el insomnio de las cañerías olvidadas, en los cauces interrumpidos en el silencio de las basuras, no lejos de los charcos incapaces de guardar una nube, una sortija rota o una estrella pisoteada...».

Yo quisiera ir viendo lo que nunca se vio, espantarme de nuevo con algo que no nos cause ningún espanto, cagarme en algo que no nos importe demasiado, es decir, en la madre de alguien que nos pueda pegar cien bofetadas. Yo no me atrevería a hacerlo, y menos ahora que tengo tanta pena y hay, quizá, que disimularla.

Pronto voy a pertenecer, por unanimidad, a la Real Academia de San Fernando, ésa que se halla en la calle de

Alcalá. Tendré que decir un discurso que me ha de contestar el pintor granadino Manolo Rivera. Creo haber dicho ya que hablaré de la pintura y la poesía, del signo y la palabra. Espero que con la palabra lo haré bien. No me atrevería a dejar un cuadro mío junto a los goyas o zurbaranes, porque, a decir verdad, se corre un gran riesgo, aunque sería uno de los sueños de mi vida. Lo que no me gustará es tener que ir casi todos los lunes, como lo hace el pintor Rivera y otros. Yo he entrado, creo, sólo dos veces en la Real Academia de la Lengua, ésa que está en la calle de Felipe IV. Fue cuando me dieron un premio de teatro que me entregó, muy fríamente, el señor Leopoldo Calvo Sotelo, mientras yo contemplaba el retrato de Cervantes atribuido a Juan de Jáuregui. Me dieron un millón de pesetas que hoy quisiera dármelo de nuevo por *El hombre deshabitado.*

Me gustaría también conceder un premio a las hormigas, a aquellas tenaces y nocturnas que destruían todos los días el jardín de La Gallarda, mi casa de Punta del Este. Tiempos casi maravillosos, ya pasados.

Mi vida parece comenzar como un poema de José Zorrilla que creo se llama «La carrera» y se inicia con un largo verso de 14 sílabas y va disminuyendo, pasando por todos, hasta llegar a estos versos que dicen:

Oh ya,
quien ve
do, va.

Ahora he aumentado la luz que hay sobre mi mesa, tanto que casi no veo lo que escribo. Quisiera hacerlo y que no me saliera nada. A veces a uno no le sale nada, o no le sale lo que quiere. Pero otras le sale a uno más y mejor de lo que quiere. O más largo de lo que desearía. O más corto.

Hoy quisiera que este nuevo capítulo de *La arboleda...* acabase con un poema casi inédito, pues le faltan pocos días para aparecer en las páginas de un libro. Está dedicado a una estrella que desvela mis solitarias noches y a la que algunos no perdonan su potente luz:

No hagas caso, Altair,
de las murmuradoras, ciegas constelaciones,
calumniosas estrellas solitarias,
los errantes cometas
o las indefinidas oscuras nebulosas.
Tú a todos los apagas, Altair, con tu brillo,
temblor irresistible, capaz de derramarse,
bañando los ansiosos labios del universo.

•

Había yo escrito mi obra teatral *Noche de guerra en el Museo del Prado,* en Buenos Aires, recordando cuando entré en él con María Teresa, en los días graves de noviembre de 1936, en el momento en que las tropas de Franco estuvieron a punto de entrar en la ciudad, salvada al fin por el poderoso coraje de todos los madrileños, unidos al inaugural arranque de las primeras Brigadas Internacionales, llegadas a Madrid en la madrugada del 6 de noviembre.

Aquella soledad del Museo, ya bombardeado, con la sala de Velázquez rotos los cristales del techo y la mayoría de los cuadros ya evacuados en los nada seguros sótanos, me inspiraron treinta años después, como digo, ya en Argentina, esa obra, que llegó a estrenarse en Madrid poco después de mi regreso a España. No recuerdo ahora si conté ya que visité la Alemania del Este, acompañado de mi traductor Erik Arend, para dar a conocer mi nueva obra a Bertolt Brecht. Mi traductor lo llamó y mi gran sorpresa fue que Brecht accedía a verme pero citándome en su casa a la hora del desayuno, que era a las siete de la mañana. Visita cordial y emocionada. Le explicó Arend muy detalladamente la obra, que escuchó con mucha atención, diciéndome, con gran sorpresa mía, que estaba decidido a estrenarla, pero pidiéndome, con toda cordialidad, que le añadiese un prólogo, en el que se viera a los trabajadores del Museo acarreando hacia los sótanos los cuadros principales de Tiziano, Velázquez, El Greco, Murillo, Goya... Cosa que hice yo con todo entusiasmo. Pero cuando me disponía a enviárselo, me llegó la noticia de su muerte. Todavía, una vez que coincidí en Moscú con su compañía de teatro, vi que en sus programas anunciaba el estreno de mi obra.

Casi todo lo que yo escribí entre Argentina e Italia puedo considerarlo como una obra elegíaca, y desde casi *Entre el clavel y la espada,* pasando por *A la pintura,* libro más que ningún otro producido por mi nostalgia del Museo del Prado, así como los *Retornos de lo vivo lejano,* todo es un traspaso, una evocación de mi vida en España y otras partes de Europa. Lo mismo me sucede con *El adefesio,* que escribí expresamente para Margarita Xirgu, que vivía exiliada en Chile y regresó al teatro viniendo a Buenos Aires para estrenarlo.

Toda mi vida, puedo decir sin exagerar, es una elegía. Casi todo el tono de mi poesía es elegíaco. He cantado tanto a Cádiz porque la perdí demasiado pronto. Yo soy el levante y el poniente a la vez. Más el levante, que mueve con furia, sacudiéndolas, las ropas de las azoteas, soy ese enfado suyo contra las sábanas, las blusas y las camisas. Me apasionan, y lo oigo, resonando con desesperación en mis oídos. Los *cantaores* gaditanos con sus coplas me estremecen desde mis ocho años. ¿Qué hacer? El Funeralísimo me condenó a vivir casi cuarenta años fuera de España. Y tuve que pensarla, que sentirla dentro y fuera de mí todo el tiempo. Quizá sea yo el exiliado que más ha escrito de España sin verla. Mi vida casi entera es un retorno. He vivido pensando en algo que metía y sacaba de dentro de mí ya transformado. Pero yo soy un tonto y lo que he visto me ha hecho dos tontos. También siendo dos tontos soy un poeta elegíaco, enamorado de Alicia y de Georgina, que es una verdadera vaca. Eran geniales los ojos de Buster Keaton, que me han perseguido siempre, y más después de su muerte. Yo quise hacer un libro de poemas mezclados de anuncios. Ya me lo iban a aceptar en el momento en que fusilaban a Fermín Galán y García Hernández, y por eso no se pudo hacer. La editorial desapareció y yo me quedé con el libro incompleto, que publiqué luego sin anuncios. Ahora puede ser que estuviera de moda. A mí me han gustado siempre mucho los anuncios, y sobre todo en versos aleluyeros, como estos:

Calzoncillo y camiseta,
los dos por seis mil pesetas.

* * *

Bebe vino, vino, vino,
que el Pángaro es el más fino.

* * *

No señor, no me callo,
tomo aceite Gallo.

* * *

¡Qué maravilla!
la lana Marllorén, no se apolilla.

Son más de las doce y media de la noche. Día agobiado de cosas, de encargos veloces a los que no puedo negarme. He tenido que dibujar esta mañana el cartel para un homenaje a Antonio Machado, pues se cumple el 50 aniversario de su muerte. Allí cerca del mar y de los campos de concentración españoles de Francia. ¡Cincuenta años! Yo estaba todavía en el Madrid casi sitiado. Él, día inolvidable, moría, junto a su madre de noventa y tres años, en Collioure. Me lo tengo que recordar siempre. También he tenido que dibujar dos gatos romanos: uno rojo y otro azul. Gatos trasteverinos, hermosos y arrogantes, recuerdo de mis tejados romanos. Creo que me han salido bien. Cuanto más me duelen las vértebras, mejor dibujo, aunque viendo de cuando en cuando las estrellas, aunque las estrellas no se ven, andan perdidas por la espalda, pasándose de pronto a los costados o a un lado de la cintura. ¡Santo Dios! o ¡Santo Marx! Que no me atropelle más un automóvil, pues tengo el sueño inundado de ellos. Y es casi imposible dormir ahora clavado en un asiento delantero sujeto fuertemente por una cincha. Me estoy volviendo a veces algo pesado con aquel accidente que casi me ha paralizado. Quisiera ahora ser un saltimbanqui y atravesar en equilibrio sobre una cuerda la Piazza Farnese de Roma. ¡Qué maravilla! Yo vi hacerlo a unos titiriteros rumanos, y desde entonces es ése uno de mis mayores deseos. Quisiera leer mi discurso de entrada en la Real Academia de San Fernando en circunstancias parecidas. Pero no. Estoy seguro de que eso no me sucederá, no podrá sucederme. ¡Qué pena! Hasta Sus Majestades los reyes me aplaudirían, y estoy también seguro de que Carmen Romero hablaría de mí en sus clases. Estoy contento de pensar en esto. Porque yo tuve, por muy corto tiempo, una novia titiritera que estaba cuidándose entre los pinos de San Rafael. ¡Cómo la recuerdo esta noche de frío y de neblina en Madrid! Le hubiera dicho ahora para divertirla esta madrugada:

Nueva York.
Un triángulo escaleno
asesina a un cobrador.
El cobrador, de hojalata.
Y el triángulo, de prisa,
otra vez a su pizarra.
Nick Carter no entiende nada.
¡Oh! Nueva York.

Estoy triste por no haber escrito una obra más amplia. Pero siempre no es posible conseguirla, y menos cuando estoy esperando a un pájaro que debe venir todos los días a mi terraza, golpeándose contra el cristal de mi salón, pues cree a ciegas que puede entrar, que nada lo separa. Me da miedo acabar con el último verso del «Romance del prisionero de León»:

Matómela un ballestero,
déle Dios mal galardón.

Estoy seguro de que ha de volver.

Cuando yo escribía *Sermones y moradas,* poco después de *Sobre los ángeles,* mi estado de confusión aún era más grande. Pasaba unos días del verano con Maruja Mallo, que vivía en Cercedilla, yéndome yo a la noche a Collado Mediano, cerrando los ojos durante el camino que mediaba entre la estación y mi casa, apuntando con lápiz en un cuadernillo los poemas que se me iban ocurriendo, durante poco más de medio kilómetro que tenía de camino. Luego, al día siguiente, corregía el poema y lo ponía en limpio. El poema que más me gustaba y hoy me sigue gustando, escrito en la oscuridad de los ojos mientras andaba, es el más triste de todos, pues yo vivía un momento muy depresivo de mi juventud. Se titula «Ya es así»:

Cada vez más caído,
más distante de las superficies castigadas por los pies de los combatientes,
o más lejos de los que apoyándose en voz baja sobre mis hombros quisieran retenerme como pedazo vacilante

de tierra.
Veo mi sangre a un lado de mi cuerpo,
fuera de él precipitarse como un vértigo frío.
Y esta lengua,
esta garganta constituida ya para ahogar ese poco de agua
que se oye siempre en todos los adioses,
esta lengua y esta garganta me hacen pesado el mundo,
huir y enmuedecer antes de tiempo.
Allá abajo,
perdido en esa luz que me trata lo mismo que a un muerto
más entre las tumbas,
junto al peligro de los nombres que se pulverizan,
con la lejana tristeza del que no pudo hablar de sus viajes,
a derecha e izquierda de los demasiado solos te espero.

Este poema me sucedía entonces en un momento en que me sentía muy solo y angustiado, en medio de los que ya no hablaban pero que aún no habían muerto y necesitaban esperarte. Pero a la vez era el momento en que yo comenzaba a pegar larguísimos poemas subversivos por las paredes de las calles, llevando el grito de la mayor desesperación, cagándome en los muertos de todos en aquel momento en que las armaduras se desplomaban en la casa del rey...

¡Oh, desventurados gritos que no eran respondidos por nadie pero que mi rempujada sangre se moría por tenerlos que lanzar irremediablemente!

Tenía yo entonces veintinueve años y los jóvenes oficiales Fermín Galán y García Hernández habían caído fusilados una mañana nevada del mes de diciembre. También Fernando Villalón Daóiz, conde de Miraflores de los Ángeles, se iba a morir en aquellos días, dejándoles a los toros, que él soñaba que tuviesen los ojos verdes, las pupilas más negras y la más tremenda bravura, repartiendo cornadas contra la barrera y enviando al cielo caballos ya casi muertos y picadores.

Era el momento en que a mí me enloquecía más que nunca pisar los barrizales, que las hojas aplastadas del otoño se me adhiriesen a las suelas de los zapatos y hacer el amor en los bancos helados de los parques. Cuántas cosas he dejado de contar en estas *arboledas.* Yo he tenido amores correspondientes a mis libros más conocidos. Algunos viven todavía. No sé si morirán antes que yo. No lo quisiera. Vive todavía aquel que le dije en *Sobre los ángeles:*

> *Tú. Yo. (Luna.) Al estanque.*
> *Brazos verdes y sombras*
> *te apretaban el talle.*

Esa persona, repito, vive y no hace mucho me escribió una beatífica postal...

Como atraído por la fuerza de estos versos, la voz de Javier Aguirre, el inteligente director de *España insólita,* me llega del otro lado del teléfono. Me ilusiona su proyecto de llevar al cine *Sobre los ángeles,* en un guión lleno de riesgo e interés que, casi desde mi regreso a España, espera ilusionado la becqueriana mano que lo pulse económicamente.

Como caídos de las constelaciones, tengo que decir que son unos pájaros los que aparecen en mi balcón para acompañarme casi todo el día, o al menos cada media hora, poco más o menos. Entre unos pequeños geranios que he sembrado en un arriate colgante –de los cuales uno ya ha dado dos florecillas rojas- he colocado un hondo platillo con alpiste junto a una taza con agua. Al principio, sólo apareció un gorrión, que se regodeaba comiendo y esponjándose en el agua alborozadamente. Vino sin nadie durante bastante tiempo. Y entonces yo lo comparaba con la avecilla que acompañaba al prisionero de León, el del antiguo romancero, al que un ballestero mató un día, deseándole yo un mal castigo por haberlo dejado sin la única compañía que tenía. Ahora, poco a poco, se ha corrido la voz por entre los árboles del barrio, y ya son tres y hasta cuatro los pájaros que vienen bulliciosos a dejar vacío el plato de alpiste que les ponemos casi todos los días. Ellos han corrido la voz de que en el balcón de un poeta hay comida y agua en abundancia. Y así ha llegado a oídos de una gruesa paloma, que se ha atrevido a comer del alpiste varias veces. Esta paloma no me gusta demasiado, porque, además, creo que va a romper de un aletazo los geranios nacientes. Pero, venga o no venga, yo estaré feliz y consolado con la diaria compañía de los gorriones, a los que veo engordar, partiendo o llegando veloces a su comedero de alpiste. Tengo la pretensión de saber en dónde viven, en qué árbol de la calle de Juan Gris tienen su casa. Pero son tan rápidos que no he podido averiguarlo.

Ese amor mío actual por estos pajarillos me lleva a la terrible época en que yo los mataba sin piedad, después de cazarlos con red durante los amaneceres primaverales en el coto de El Puerto de Santa María. Ya, estoy seguro de que lo he contado, pero ahora sólo quiero recordar, insistiendo, que después de caídos bajo la red, yo los mataba apretándoles los sesos para poderlos entrar en el pueblo, escondidos en mi ancha blusa marinera, para que a la entrada del puente de San Alejandro el consumista no los descubriera, pues no estaba permitida la entrada. ¡Qué bestia que era yo! Ahora, no. Cualquiera pensará que soy un poeta sensiblero, un viejito que pierde el día en contemplar unos pajarillos de «m.» que me hacen perder el tiempo evitándome escribir sobre cosas más serias. Es verdad, tal vez. Pero es mucho peor contemplar la televisión que tengo delante y sólo ver piernas y culitos monótonos, contoneándose. ¡Cuánto más emocionante es ver un águila arrebatando a un corderillo por las serranías de Cazorla!

Tocante al primer poema, escrito con los ojos cerrados, que cito al comienzo de este capítulo, diré algo de lo que dice Javier del Amo en su muy interesante libro *Mente y emotividad:* «Alberti se vive como si estuviera muerto ya, una forma de muerte en vida. Es el morir en cada instante del poeta Krishnamurti, con la lágrima, en la sonrisa, debajo de la hoja muerta, en los pensamientos errabundos, en la plenitud del amor».

Momentos antes de terminar este capítulo me llega una carta de Hans Meinke en la que me dice: «Estamos trabajando en *El ceñidor de Venus desceñido.* Creo que saldrá un libro bello e interesante». En él hay un poema que termina:

En verdad, dice el toro, el mundo es bello.
Encendidos están de amor los ramos.
Abre la boca. (El mar. El monte.)
Cierra los ojos y desátate el cabello.

Así es.

No siempre he tenido un contestador automático. Lo tuve durante casi quince años en Italia, después en Madrid, en dos casas distintas, cuando regresé a España en 1977. Y ahora, a mi nueva casa, acaban de enviarme otro. Dios, o Marx, creo, van de nuevo a salvarme.

Para un poeta que todavía tiene que vivir sentado una gran parte del día, saliendo poco al exterior, volver a tener un contestador automático es una salvación. Ahora, en este momento, me traen uno nuevo, blanco, pequeño, maravilloso. Estoy sentado ante él como ante un libro casi cuadrado, de pastas brillantes, o ante un objeto que va de pronto a romper sonando una bella música.

En cuanto me lo han traído, me dispongo a manejarlo. Tendré, primero, que grabar el mensaje saliente. Me dispongo a ello, creyendo acordarme de cómo se hace. Leo las instrucciones. Dicto mi mensaje. «Le responde el 534 73 62. Puede dejar grabado su mensaje después de escuchar la señal. Gracias.» Creí que lo había grabado bien, siguiendo al pie de la letra las instrucciones. Al cabo de un rato, por primera vez, del contestador, sin levantar yo el auricular, salió una voz enfurecida que maldecía al aparato, refunfuñando de mala manera: «Se escucha su voz y su mensaje cuatro o cinco veces, y luego, cuando usted levanta el micrófono, ya no se le escucha nada, sucediendo lo mismo si se le vuelve a llamar». Después de un rato oigo la llamada de otro que dice: «Está usted perdido con ese maldito aparato. Tendré que escribirle».

Trato de arreglarlo yo solo. Grabo de nuevo el mensaje. Llaman. A pesar de escuchar mi voz, diciendo lo mismo repetidas veces, oigo: «Quisiéramos invitarle a usted para que fuera a Éibar con el fin de presentar, o recitar, no sé qué cosa, pero con ese maldito aparato no puedo explicar bien lo que quiero». No le pude responder. Llamé a un amigo que entiende de contestadores. Parece que me lo va a arreglar. Ahora suena el teléfono de nuevo. Alguien me dice: «Queremos su opinión sobre Salvador Dalí». Escucho. Pero no contesto. Pasa un rato. Llaman otra vez: «Usted conoció a Salvador Dalí. ¿Qué puede decirnos de él?». No vuelvo a contestar. Durante todo el día y parte de la noche me llaman para lo mismo.

Por fin respondo, ya muy tarde. «Cuando Dalí era muy joven, lo conocí junto a Luis Buñuel y García Lorca. Era en la Residencia de Estudiantes, en donde Dalí se había establecido para estudiar, como su padre quería, la "carrera de pintor".» «¿Y qué más?» «Sé muy poco más.» «¿Algo más?» «No lo sé.» Cuelgo. Pasan uno o dos días. Me vuelven a llamar. «Oiga. Usted que fue amigo de Dalí, ¿qué opina de su testamento?» «No le puedo decir nada. No lo conozco.» Pasan otra vez uno o dos días. «Ahora se conoce el testamento de Dalí. ¿Cuál es su opinión?» «Sigo sin conocerlo.» «Pues que deja toda su obra al Estado español.» «¡Ah!» Cuelgo. Me llaman otra vez: «¿Sabe que Dalí no deja nada a la Generalitat? ¿Qué opina usted de esta última jugada de Dalí?». «Pues opino que es un cerdo. No tengo nada más que decir. Creo que lo he dicho todo.» «Bien, gracias.»

¡Señor! Tengo que escribir este artículo, tengo que dibujar la cubierta de un disco, tengo que salir para ver *El alcalde de Zalamea*... Me llaman de nuevo: «Quedamos en que me concedería usted una entrevista. Soy una estudiante». Le contesto: «Bien, comienza a preguntar. Tienes que grabar exactamente lo que te diga, porque si no escribirás tú lo que te dé la gana». «Bien. Lo voy a grabar. Es para una tesis mía sobre usted.» «Bueno. Estoy ocupadísimo, pero grabaremos no más de una hora.» La estudiante me preguntó las cosas más inocentes, más confusas o más difíciles... Se las contesté todas, nos despedimos cordialmente. Pero me llama de nuevo. «Estoy muy contenta, pero, señor Alberti, me tiene usted que perdonar. La entrevista apenas si la entiendo. Mi magnetófono ha grabado muy mal. ¿Podríamos repetir los principales trozos ahora?» «¡Oh!», le respondo solamente.

Quiero pensar que este contestador está loco, que funciona mal para mí. ¡Qué desastre! Solamente me proponen cosas para perder el tiempo. Ya en atenderlo o coger el auricular algunas veces llevo perdidas hoy varias horas. Como estoy pagando la novatada del nuevo contestador me llevo escuchando casi todas las llamadas, y esto me desespera. Algunas son insultantes, como ésta: «Se ha vuelto usted un señorito andaluz de mierda, que no lee las cartas ni las contesta, y así pueden seguir matando a miles de iraquíes...». Ésta ha sido la llamada más bestia... Pero yo no tengo la culpa de no poder leer las muchísimas cartas y telegramas que recibo a diario.

Estoy preocupado y triste. No sé que hacer. No sé si deshacerme del contestador y del teléfono, si buscar una secretaria (con la que me pasaría, estoy seguro, hablando todo el día de las cosas más fútiles).

No es que yo quiera no cumplir ni estar atento, como debo, a tantas cosas... Es que no puedo soportar tantísimas imbecilidades ni tantas entrevistas anodinas, ni tanto Federico ni tanto Dalí... ¡Me voy! Estoy preparando mis cenizas, eligiendo en secreto a las personas que han de ir al centro de la bahía de Cádiz, para esparcirlas allí, desde el vaporcito *Adriano III.* Las llevarán en una copa de madera, arrojándolas en medio del golfo gaditano, si es posible en un día calmo, sin levante. Eso estará bien. No quiero descubrir los nombres de los que las llevarán. Les pediré -lo dejaré escrito- que no hablen nunca de ello. Navegarán sobre mí. Puede ser que alguna partícula de ceniza se cuelgue en la bella melena de alguna bañista. Ya no existo: puedo estar tanto en la cresta de una ola como en el sexo de una sirena. No tendré ya ninguna edad, amor. Mas viviré siempre en un vaivén marinero, pues las cenizas, según parece, no pueden deshacerse nunca. Tal vez tengan memoria y corran en mis leves oídos, aunque a través del acompañamiento de las olas, recordando aquel contestador automático que odio y amo tanto desde que era un poeta en tierra sobre la tierra.

Acababa de ver una espantosa y criminal película norteamericana, condecorada con dos Óscar, leo que en un hospital de Murcia nació un «niño sirena», es decir con las extremidades inferiores unidas, formando al final como la cola de este maravilloso pez, mitad mujer de hermosísimos senos, larga cintura y grandiosas nalgas, de las que parte una luciente cola, atrayendo con su canto seductor a los marineros. Pienso enseguida en mi primer libro, *Marinero en tierra*, en el que hay una canción que comienza:

> *Branquias quisiera tener*
> *porque me quiero casar.*
> *Mi novia vive en el mar*
> *y nunca la puedo ver.*

Yo jamás llegué a seducir a una sirena. ¡Qué extraordinario hubiera sido dormir con una sirena bajo las olas! «Branquias quisiera tener...» Tal vez ese «niño sirena» pudiera haber sido mío, arrojándolo hoy al mar de

Cádiz, dándoselo por cuna, azulada y movida por el arrullador levante. Lo que ahora me hace penar es que este «niño» no sea literalmente mío, pues el amor que yo hubiera sostenido con una sirena habría sido único e inmenso. ¡Cómo la hubiera poseído en el lecho del mar, allá en mis años juveniles, e incluso ahora!

Dicen las mitologías que las sirenas no tienen sexo, sólo altos senos, ancho culo, resbaladas caderas que son hijas de un dios-río y de una de las nueve musas, con las que compitieron por su hermosura, a quienes derrotaron y arrancaron las plumas o escamas. Avergonzadas, se retiraron a las costas de Sicilia, donde su canto trastornaba a los marineros, haciendo que sus navíos se estrellasen contra las rocas. Sólo los navegantes que pudieron burlarlas fueron los argonautas, sustraídos a su influencia por el canto divino de Orfeo. Luego se dice que Ulises, para liberarse de su canto, se taponó con cera los oídos, atándose al mástil de la nave. Más tarde se contó que todas las sirenas murieron, pero eso no es verdad, pues yo las he visto entre los delfines del estrecho de Gibraltar, por la bahía de Cádiz, durmiendo distraídas contra las rocas del castillo de Fuentebravía, en El Puerto. Y fue allí cuando yo, apenas tenía dieciocho años, intenté violar a una en una noche de luna esplendorosa.

También es verdad que una enorme gaviota de alas tajantes quiso atacarme en ese momento. Nunca he sentido un aire más violento sobre mí, sobre mis hombros, sobre mi cabeza. Eran celos, sin duda, los que la impulsaban a su ataque. Y me acordé del soneto de Baudelaire que comienza:

Por divertirse, a veces, prenden los tripulantes
los albatros, inmensos pájaros de la mar.

Yo nunca he tenido entre mis brazos a una gaviota. Las he sentido pasar cerca de mi frente, casi rozándomela con sus alas, y sin embargo he podido ver a miles de ellas muertas en las playas hirvientes del mar de Huelva. Tristeza y llanto, aquel inmenso cementerio de alas extensas, inmóviles. En cambio, las gaviotas viajeras las he visto en Roma, rodeando la cúpula de San Pedro y descender a las aguas del Tíber para pescar los sucios detritus que arrojan las cloacas del Vaticano. Eso sí. Nunca he visto pasar a una sirena bajo los arcos del puente Sisto ni del de Sant'Angelo. En cambio, he visto desembarcar sirenas del *vaporetto* en la veneciana Piazza San Marco y dormir bajo el puente de las Tetas, bello y prometedor en otros tiempos, cuando Venecia se adornaba con demasiados invertidos y el dux autorizó a las damas pasearse con las tetas al aire y que se concentrasen exponiéndolas sobre las balaustradas de aquel puente.

¡Oh! Mientras escribo esto, creo que ya no es un solo pájaro el que acude a mi terraza. Ahora he puesto entre los arriates colgados otro platillo con alpiste y veo que aquel pajarillo que me recordaba al que visitaba en su soledad al prisionero del viejo romance de León ha traído a dos más, que se regocijan comiendo, saltando y enganchándose a veces, antes de partir, a los cordones que sostienen el toldo. ¡Qué maravilla! Nuevos pájaros para contemplar desde mi pierna averiada.

Pero estaba hablando de las sirenas y del «niño sirena» que arrojé a la bahía gaditana para que en ella hubiese algo nuevo, inesperado, distinguiendo a la bahía de todas las demás.

Y a todo esto resulta que en el mismo hospital de Murcia ha nacido también un «niño cíclope», es decir, con un solo ojo, un hijo de Polifemo, un ojanco, como para vivir en las costas de Sicilia y dormir dentro del Etna, al cuidado de su padre, el inmenso y temible enamorado cíclope. Esto sí que es un extraño prodigio. Podrá crecer, seguro, pero habrá que llevarlo también al mar, tal vez al de Sicilia, y se repetirá la prodigiosa fábula, enamorándose quizá de una nueva Galatea, una posible bañista americana.

Ahora, que es todavía tan pequeño, podré llevarlo disimuladamente, en un barco, hasta las costas sicilianas, subiéndolo luego a las bocas del Etna, para que allí lo adopte Polifemo y un día lo baje a las costas llenas de bellas jóvenes y allí pueda repetir, entre las yedras y las playas, la hermosa fábula gongorina:

¡Oh bella Galatea, más süave
que los claveles que tronchó la aurora...!

Pero me sucedió que cuando una noche lo robé del hospital de Murcia y me embarqué con él en Cádiz para llevarlo a la isla italiana, se me murió y tuve que arrojarlo al mar ya cerca de las costas de Agrigento. ¡Lástima grande!

Llaman a la puerta. Llega ahora el correo. Entre otras, una carta de El Puerto de Santa María, sin firma, en la que se me da cuenta de diversos acontecimientos que sucedieron el 16 de diciembre de 1902.

Copio literalmente:

«El presbítero don Ricardo Luna bautizaba el 24 de diciembre de 1902, en la Prioral, a un hijo de los señores de Alberti –don Vicente–, que recibió el nombre de Rafael Valentín, Ramón, Ignacio, de Nuestra Señora de Belén, siendo sus padrinos sus tíos, don Agustín Merello y doña María Alberti. Terminada la ceremonia fue colocado como todos los portuenses, bajo el manto protector de Nuestra Señora de los Milagros...».

Como veis, no se trata de «los ocho nombres de Picasso», aunque podría parecerlo.

¡Ah! Y a propósito considero oportuno terminar con esta sextina real:

No te quiero ofender ni aminorarte.
Camilo José Cela, en tu persona.
Admiro tu Cipote de Archidona
con La familia de Pascual Duarte.
Si pudiera, el Cervantes te daría,
y un gran coño este enfado borraría.

Me parece que nunca lo conté. Estoy seguro. Sucedía, puede ser, en una oscura callecita de una pequeña isla del Mediterráneo. Era ya muy de noche. Las muchachas estaban recostadas sobre la cal de las paredes, en los cerrados portones del callejón. Yo era poco más que un adolescente. Íbamos tan sólo a que nos bailaran aquello que tan misteriosamente había comenzado a levantársenos entre las piernas y urgía aquel remedio para que se nos bajara. Yo iba porque aquella vez no había quedado satisfecho, necesitándolo de nuevo. La muchacha me dijo:

–Puedo hacértelo otra vez. Pero vale unas monedas más.

Recuerdo que eran muy pocas.

–Verás. Te va a gustar mucho. No sabes lo que es.

Y sacándose de la blusa una bella pulsera de plata con cascabeles se la colocó en la muñeca derecha. Yo estaba radiante y asustado. Había un silencio dichoso en la calleja. El contacto de su puño cerrado endurecía, haciéndomelo crecer, aquello que me estaba oprimiendo.

De pronto, rítmicamente, comenzaron a sonar los cascabeles al mismo tiempo que salía la luna. El glin-glin, aunque yo lo sentía allí, brotaba entre mis piernas, pareciéndome lejano, adormecedor. Se detuvo un momento, la mano bañada como de copos de alhelíes blancos. Luego de una jadeada pausa, encontramos el ritmo prodigioso, el glin-glin musical, hasta desvanecerse... Nunca más volví a pasar un sueño tan dulce y armonioso como aquel, acompañado de ese misterioso glin-glin salido de una pequeña pulsera plateada.

¡Oh visiones de aquellos quince años, entre cales y dunas ondulantes de los litorales gaditanos! Y cuando poco más tarde llegó el momento de amanecer hundidas las sonámbulas manos en la espesura cálida del monte de Venus, era, oh maravilla, como tocar o acariciar la oscuridad y hondura de los orígenes del mundo.

Mi libro *Entre el clavel y la espada* lo escribí parte en Francia, parte en el mar, camino de Argentina, terminándolo allí, en los campos de El Totoral, en la provincia de Córdoba.

Después de la guerra española, venía yo cargado de muertos, pero lleno a la vez de poemas eróticos, que había comenzado en París. Escribí doce sonetos, que titulé «Sonetos corporales». Había uno, el cuarto, dedicado a la masturbación, a celebrar el semen blanco que surgía, resbalando, en albas gotas que exaltaban, arrastrando consigo, comparaciones con todo lo blanco más bello e inesperado:

Lo blanco a lo más blanco desafía.
Se asesinan de cal los carmesíes
y el pelo rubio de la luz es cano.

Nada se atreve a desdecir al día.
Mas todo se me mancha de alhelíes
por la movida nieve de una mano.

El placer y la muerte son paralelos. Se dice que en el momento de morir un último estremecimiento seminal corre entre las temblorosas piernas. Como yo quiero que me incineren, deseo que alguna parte de mi ceniza que sintió este último temblor vaya a refugiarse en el sexo de alguna sirena, para que duerma allí como permanente refugio tal como en otras páginas he dicho. Así lo espero.

Yo vi también en mis «Sonetos corporales» poblarse de pronto de amapolas las ingles de las adolescentes sin camisa, lo mismo que crecer la sangre desasosegada, cual un rumor de espuma silencioso, hasta volverse un feliz campo de batalla. Y también vi cubrir el cielo de la boca del palpitante amor con aquella misma arrebatada espuma extrema...

Cuando desembarqué en Buenos Aires, me esperaba en el puerto el editor Gonzalo Losada. Me convenció de que me quedase en Argentina, pues yo iba para Chile, ofreciéndome su ayuda. Me quedé, trabajando en aquel libro, *Entre el clavel y la espada* (que dediqué a Pablo Neruda), y al que añadí luego el «Diálogo entre Venus y Príapo». Logré que unos buenos amigos argentinos me dejasen su casa en las barrancas del Paraná de las Palmas, en donde escribí aquel diálogo, que añadí poco después a la segunda edición de *Entre el clavel y la espada*. Allí lo escribí en medio de las inundaciones del río, los caballos y las vacas pastando, los negros quebrantahuesos que vivían posados en el lomo del ganado ya enfermo, dispuestos a devorarlo no más se desplomase en la tierra. Mientras componía el diálogo, veía pasar ante mi balcón las presumidas iguanas que me miraban graciosamente. Nunca hice un poema más erótico, distraído por tantas bellas y naturales cosas que me rodeaban. Yo escribí el diálogo dejándome llevar al mar por la visión, al fondo, del gran río. Así dice Príapo dirigiéndose a Venus:

Golfo nocturno, ábrete a mí, bañadas
del más cálido aliento tus riberas.
Sabes a mosto submarino, a olas
en vivientes moluscos despeñadas,
a tajamares, soles de escolleras
y a rumor de perdidas caracolas.

Y Venus le responde, admirativa:

Eres trinquete,
palo mesana, torre indagadora,
y, ardido del más rojo gallardete,
cresta de gallo al despuntar la aurora.

La poesía erótico-amatoria, de tiempo en tiempo, puede mucho en mí. Se me presenta pujante, irresistible, influida por los lugares en que me encuentro. El mar me empuja mucho a sentirla, a escribirla. El acto entre los animales me excita. Me divierten los elefantes. Me dan piedad los cerdos, me trastorna la velocidad cruel entre las palomas, me aterran y acongojan los gatos, me espanta el abejorro que clava vertiginoso su lanza en la araña pollito, me apenan los perros, que se quedan pegados hasta que, a veces, algún niño cruel los separa con un cuchillo. ¡Qué desdicha el poco tiempo que dura el encuentro amoroso entre algunas aves, entre pequeños pájaros y otros voladores! Pero no me disgusta el amor entre los indios bolivianos con las muy airosas y presumidas llamas. Me aterra el amor entre los lobos de mar y me da ganas de gritar el sufrimiento entre los rinocerontes... ¡Oh Dios! Pero no hay nada como los juegos preliminares entre los muchachos y muchachas, o las parejas desiguales en años, cuando la imaginación y el deseo siguen dominando. No hay edad. Repito que he visto casarse en el Cáucaso a viejos pastores de más de ciento diez años con mujeres de treinta. ¡Bendita sea la luz, la fuerza de la sangre, el impulso perenne de la vida!

Pero nada como aquella muchacha que en la oscuridad de una calleja marinera me hizo derramar en alhelíes blancos al son del glin-glin de los cascabeles de su pulsera de plata.

Volví anoche de Toledo.
Me acabo de despertar.
Quien allí me acompañaba,
no se puede revelar.

Sólo estuve cuatro días. Hacía frío, mejor una penetrante friura que impedía mirar fríamente desde el balcón la misteriosa luz, el color de Toledo, ceñido estrechamente por el Tajo, con sus puentes, dos ojos perfectos redondeados por el reflejo del agua:

El doctor José Luis Barros,
llegó a Toledo una tarde.
Viene para recordar,
y entra en la venta de Aires.
Se sienta muy solo y mira,
y a su lado no ve a nadie.
Luis Buñuel no viene ya,
ni sombra que lo acompañe.
Dalí pintó en aquel muro
a los amigos que antes

allí venían. La cal
les ha borrado la imagen.
El doctor José Luis Barros,
triste, de Toledo parte.

Ya se acabó de rodar *Tristana,* la terrible película de Luis, extraída de la novela de Galdós, que él admiraba tanto. El gran actor Fernando Rey anda celoso y desesperado por las calles y los cafés toledanos ante los desprecios y burlas de su sobrina Catherine Deneuve, maravillosa y única. Y todo esto me parece hoy coincidir con el misterio íntimo de un recién llegado, Doménikos Theotokópoulos, llamado El Greco, que se instala en una casa sombría y mal colocada, en la que seguramente se pasará la vida, huyendo del frío, tomando el sol en el jardín o refugiándose dentro de sus cuadros, como lo hace pintando su hermoso retrato y el de su niño Jorge Manuel, vestido de paje, al lado de san Esteban y san Agustín, que descendieron del cielo para transportar al caritativo señor conde de Orgaz, que merece ser llevado a una gloria colorida y maravillosa, llena de auras italianas, donde será recibido por Jesús, en medio de un encendido coro de bienaventurados, de prodigiosas y cortantes ráfagas de nubes, y las colgantes llaves de san Pedro también prendido de aquéllas. Y todo lleno de reverberaciones tizianescas... ¡Oh! Por cierto, que mientras visitaba la vivienda del pintor, coincidí con la visita de un numeroso colegio italiano, conducido por una profesora que me conocía e hizo que me saludaran sus alumnos con una clamorosa ovación que casi me llenó los ojos de lágrimas.

A mí siempre, al lado de Tintoretto y Tiziano, sin olvidar al Veronés, me arrebató El Greco, amando su apasionada y punzante locura, como ascendiendo a vértice de llama, a luz hecha salmuera, a lava de espíritu candente. Lo llamé en mi libro *A la pintura*

> *...purgatorio del color, castigo,*
> *desbocado castigo de la línea,*
> *descoyuntado laberinto, etérea*
> *cueva de misteriosos bellos feos,*
> *de horribles hermosísimos, penando*
> *sobre una eternidad siempre asombrada!*

Entre los más grandes admiradores que tuvo El Greco se encontraba Góngora, que le dedicó un alambicado soneto que estuvo grabado en su lápida de la iglesia de San Torcuato, que más tarde fue destruida, perdiéndose la tumba del pintor:

> *Esta en forma elegante, ¡oh, peregrino!,*
> *de pórfido luciente dura llave,*
> *el pincel niega al mundo más süave,*
> *que dio espíritu a leño, vida a lino.*

El Greco había muerto en 1614, dos años antes que Cervantes y Shakespeare, que murieron el mismo día. Trece años después moría Góngora, dando luego lugar con esa fecha –1627– al origen de nuestra generación llamada del 27.

¡Qué maravillosa y difícil ciudad elegí yo estos días para transitar teniendo alguna dificultad en recorrerla! Es un crimen de nuestro siglo entrar en automóvil por sus maravillosas y almenadas puertas para intentar llenarlas de peligros y provocados accidentes.

Volveré pronto a la ciudad, cuando Luis Buñuel vuelva, para dormir en la posada de la Sangre y salir todos a medianoche, muertos de miedo y contemplar a Luis cómo, envuelto en las sábanas de dormir, hacía el fantasma en el atrio de la iglesia de Santo Domingo el Real, mientras las altas ventanas de un convento se encendían llenándose de velados cantos y oraciones monjiles. En esa misma noche me extravié, descubriendo la iglesia en que estaba enterrado Garcilaso de la Vega. Y desde mi balcón miré de nuevo hacia el Tajo, repitiéndome como en los tiempos que seguíamos a Luis Buñuel, creador de la orden de los Hermanos de Toledo:

> *Todas con el cabello desparcido,*
> *lloraban una ninfa delicada,*
> *cuya vida mostraba que había sido*
> *antes de tiempo y casi en flor cortada.*

Una pequeña «crónica de Toledo», después de la llegada de El Greco a la ciudad, el año 1577.

Oye, Paco, Francisco Umbral: ¿sabes lo que te digo? Que tú eres un valiente. Quizá el más sonámbulo, el que sabe gritar más, el más architrabajador, en medio de novelas, charlas, viajes y repartiendo tantos escritos a diario y no sé qué más. Me parece escucharte en la noche, en la voz de todas y todos esos que desbarran y hablan de sus amores y seriamente de todo hasta parecer que el mundo está descoyuntado, partiéndose por la cintura, Umbral, y te lo digo y admiro desde éste tu diario, desde el que he escrito un libro de más de 500 páginas y sigo ahora tan campante, camino a un mismo tiempo de los ochenta y siete años, y veintidós a la vez, cosa natural, aunque tú eres sólo el que me comprende, Umbral, Paco Umbral, valiente Francisco Umbral, en tercera página de hoy tu diario y mañana en la otra de otro. No podemos vivir así, aunque sólo sea de ese modo como vivimos, perdiendo la sintaxis, que es la única cosa, la sola manera de expresarse, y tú, Paco Umbral, valiente y casi el único escritor que lo sabe. ¿Qué se puede decir a medianoche desde el centro sonámbulo de España, cuando se dice o se responde a tanta cosa confundida y terrible, en medio de los trenes temerosos de ser descarrilados, los a contramano vertiginosos automóviles y un vals de Strauss, venido desde el centro de una Viena regida por un nazi? Perdón, Umbral, Paco Umbral, que la Academia no te oiga, porque no entiende tus palabras ni se molesta lo más mínimo por oír sus orígenes.

No creo que pueda ofenderte lo más mínimo esto de que te hablo esta noche, cuando no se puede dormir, o a uno no le da la gana de dormir porque hay que guiar y suprimir tantos rayos de luz de la televisión y tanto monótono contoneo de cuerpo y fingidas canciones que, como salidas de lenguas sin lenguas, van hacia un triste vacío, sin nadie. Perdona, Umbral, Paco Umbral, Francisco Umbral, te escribo en medio, o en el casi fin, de la noche, cuando Radio Inter da la hora y se oye tu máquina escribiendo, empujando el alborear del día para que llegue y en forma de columnas se estampe en la tercera o en la última y sea molestia para unos, y para otros, desesperada delicia, o cómo nos jode este Umbral, cuándo dejará de escribir...

Yo creo, seriamente, que no podemos enfrentarnos ya con nada, Umbral, porque tu voz está fallando y nos hace falta mucho café encoñacado, innúmeros y fuertes carajillos que nos entonen y ardan en la garganta... Sí. Porque todo ha perdido el tono y estamos tristemente destemplados, llenos de escalofríos y dispuestos a entrar sabe Dios dónde, en qué, Umbral, conducir hacia qué ignorados interiores, sin pasillos y sin ventanas o sin puertas finales.

Pero me despierto y oigo, y luego veo que me han dado un nuevo e inesperadísimo premio: el Mariano de Cavia, por un artículo que escribí el último 14 de diciembre, fecha en que fue enterrada en el cementerio de Majadahonda mi mujer, María Teresa León, al cabo de seis años de haber perdido la razón y vivir olvidada de sí misma, no reconociendo dónde vivía, sin saber lo que fue, nada en absoluto de lo que había sido.

Y me han dado de pronto este premio escritores como el jerezano José Manuel Caballero Bonald, gran novelista y poeta, a quien conocí hace muchos años en Bogotá, Luis Rosales, tan importante poeta, de los tiempos en que Federico García Lorca iniciaba La Barraca, José López Rubio, ilustre autor de teatro, que conozco desde su primera obra, *Celos del aire*, y el grande y exaltado pintor granadino Manolo Rivera. ¡Oh! Recibo la primera felicitación del más entusiasta recitador de san Juan de la Cruz, Luis María Ansón, que nos invita en la noche a cenar, recordándome que aquel premio, del que yo sabía su existencia desde 1920, lo habían obtenido escritores como Ramón Pérez de Ayala, Jacinto Benavente, Gabriel Miró, Julio Camba, Salvador de Madariaga, Emilio García Gómez, Luis Rosales, el propio Ansón, Francisco de Cossío...

¡Oh!, es como para dar un salto jubiloso y como para recitar a pleno aire aquel poema inicial mío, dedicado a María Teresa:

Cuando tu apareciste,
penaba yo en la entraña más profunda
de una cueva sin aire y sin salida.
Braceaba en lo oscuro, agonizando,
oyendo un estertor que aleteaba
como el latir de un ave imperceptible.

Y todo en vísperas del Premio Cervantes, concedido este año a la ejemplar y plena María Zambrano, a quien Sus

Majestades los reyes don Juan Carlos y doña Sofía entregarán en el aula central de la Universidad de Alcalá de Henares. Estoy contento también porque el poeta, tantos años encarcelado y condenado a muerte, Marcos Ana me ha llevado al emocionante encuentro con la Federación Internacional de Resistentes, en donde se hallan tantos luchadores de la guerra de España. Me emociona. Recité mi poema «A las Brigadas Internacionales». «A los jóvenes muertos», recordando a Antonio Machado, a Pablo Neruda y Miguel Hernández, con aquellos últimos días de Madrid, de su cerrada defensa, cuando los niños pisoteaban en las calles y plazas el pan que arrojaba la aviación franquista, momentos antes de la inesperada insurrección del coronel Segismundo Casado.

¡Oh bellos y grandes momentos de mi vida, amigos míos del corazón que hoy junto en estas líneas, unidos al recuerdo de María Teresa en el día de su muerte, cuando iban a cerrar las puertas del cementerio de Majadahonda y nosotros dos escapábamos de nuevo hacia la vida!

A Santiago Ontañón lo conocí ya un poco tarde, a la vuelta de sus extraordinarios años en París. ¡Qué veloz manera de envolverle a uno con su simpatía y su gracia! Animador irresistible, tanto hablando como cantando con profundidad y temblor los cantos populares de su verde y marinera Cantabria. Nuestra imparable amistad se ensanchó sobre todo durante la Guerra Civil, en la Alianza de Intelectuales Antifascistas, cuando Santiago era nada menos que un soldado de la caballería republicana, siendo reclamado por María Teresa León como escenógrafo para las Guerrillas del Teatro del Ejército del Centro, que ella dirigía, a la vez que para el Teatro de Arte y Propaganda, en el de la Zarzuela de Madrid.

En aquellos años terribles y maravillosos, Santiago Ontañón hizo todo lo que María Teresa León le pedía, pues Santiago estaba capacitado para ello: actor, cantante, escenógrafo, buenísimo escritor de lo que llamábamos «teatro de urgencia». Un prodigio. Nada mejor que Santiago para salvar situaciones difíciles.

«¡Ontañón!», le gritaba María Teresa con cierta voz de mando, y Santiago ya sabía que tenía que obedecer, salvando cualquier situación por muy difícil que ésta fuese. Él creó los magníficos decorados para la obra soviética *La tragedia optimista,* para *Los títeres de cachiporra* de Federico García Lorca, para la zarzuela *Château Margot,* sobre todo, su más grande creación en aquel momento, para mi adaptación de la *Numancia* de Cervantes, que se representó durante la defensa de Madrid y luego en Montevideo, dirigida e interpretada por Margarita Xirgu. Al lado de mi obra *El adefesio* estrenó también Margarita Xirgu *La casa de Bernarda Alba,* de Federico García Lorca. Los decorados de ambas fueron asimismo realizados por el gran escenógrafo santanderino.

Luego, Santiago tuvo la mala suerte de no poder escapar de España al final de la guerra, aunque la buena de refugiarse en la embajada de Chile, en donde estaba nuestro gran amigo Carlos Morla Lynch, que lo aceptó como refugiado, trasladándolo luego a su país, en donde estuvo algún tiempo, hasta que volvió a viajar como escenógrafo de Margarita Xirgu. La vida de Santiago Ontañón por América fue larga y la de un trabajador incansable y lleno de grandes éxitos.

Ahora, Santiago, han pasado ya tantísimos años... Va descendiendo el siglo, y nosotros estamos todavía inundados de sus recuerdos maravillosos, de aquella vida en un momento peligrosa, pero tan hermosísima a la vez, como para considerarla «el paraíso a la sombra de las espadas». Recuerdo ahora, Santiago, que lo que más nos gustaba, cuando aparecía la aviación durante la actuación de las Guerrillas del Teatro en el frente, era que nosotros dos, para distraer nuestro miedo, corríamos a escondernos bajo unos árboles, poniéndonos a cagar defendidos por su sombra. ¡Cuántas veces hemos recreado esto ya en la Argentina o, ahora, recientemente, en algunas de las visitas que te he hecho! Y es que la guerra sólo merece eso, esa desahogada evasión, hermosa y aliviadora manera de responder a la agresión cobarde.

Cuando pasaste por Buenos Aires camino de Chile encontraste a uno de tus más bellos amores, una gran actriz valenciana, la primera que se había atrevido a hacer un *strip-tease* en España. Luego llegaste a Santiago y te casaste con una hermosísima mujer de origen irlandés, también maravillosa. Y es que Santiago era un santanderino que con su gracia y sus canciones trastornaba a todos los que lo conocían.

Y aquí está ahora, Santiago, en este emocionado libro, de la cálida mano de tu amigo José María Moreiro, ayudándote a recordar ese largo camino de tu vida, al que no has querido dar el nombre de memorias, sino el del recuerdo grande de *Unos pocos amigos verdaderos*, entre los cuales nos encontramos María Teresa y yo, que quise recordártelo tarde, un día, yo, cuando volví a encontrarte en Madrid, cuando tenías ya setenta y siete años. Y así te dije:

Santiago, te digo en este día
después de tantos años consumidos,
de tantos muertos, tantos perseguidos,
que tan sólo persiste tu alegría.

Tú cantas, tú te ríes, yo diría
que los años no fueron tan perdidos,
que tu gracia, tu luz, tu amor, huidos,
nos salvaron de la melancolía.

Tanto tiempo, mi amigo, que debiera
de haberte dicho esto que aquí procuro
desde aquella lejana primavera:

que te quiero por claro, por seguro,
por pintor de una escena que nos diera
palmas sin fin en este teatro oscuro.

María Teresa nunca pudo olvidarte. Ella, que vivía en un verdadero golfo de sombras, en una carta que te envió desde Buenos Aires el año 1959 te decía: «Ontañón, ¿no podrás envejecer un poco?». Tal era el recuerdo que tenía de tu vitalidad. Ahora yo te quiero ver echando tus bendiciones de obispo como por las calles de Arcos de la Frontera.

Pero también quiero decirte: «Santiago, que no es por ahí. Mira que en Madrid hay poquísimas calles sin salida». Pero tú, tozudo, metías el coche y luego te veías negro para salir, retrocediendo del fondo de la calle. Pero al fin salimos, pero no sé por qué causa no supimos ir a Mérida aquella noche para presenciar un estreno importante.

Santiago, adiós. Seguiré esperándote bajo la sombra de aquellos árboles, mientras la aviación aparecía para bombardear el frente de batalla...

Adiós.

Estoy viendo lo que escribí como dedicatoria en la primera página de este cuaderno que hoy me traen primorosamente encuadernado: «Para Rafael de Penagos este cuaderno de mis noches de *speaker* en la Radio Paris-Mondial (1939), y en París, ya comenzada la segunda gran guerra. Rafael Alberti. Buenos Aires, 1953».

Este Rafael de Penagos –ni que decir tiene– es el hijo del más que grande dibujante del mismo nombre. Poeta sobre todo, me trae, junto a un bellísimo libro, *Poemas a Consuelo,* dedicado a su bellísima y desaparecida mujer, la fotocopia de un gran manuscrito que en 1953 le regalé en Buenos Aires y que contenía, entre otros originales, el de *Entre el clavel y la espada,* que ahora me ofrece como un verdadero y gran regalo.

La boutonnière: el ojal. *La pepinière:* el plantel. *Le linge:* la ropa blanca. *Le pavé:* el adoquinado... Y muchas más palabras con su traducción abrían la primera página del cuaderno. Se ve que aprovechaba las noches en la radio estudiando francés, traduciendo a la vez aquellas cosas que comunicaba a los oyentes de América Latina.

Encuentro ahora aquí el fragmento de un ensayo de Baudelaire sobre Victor Hugo. Pero de pronto, alarma aérea. La aviación alemana ha volado sobre París, pero sin bombardearlo:

El verso de Victor Hugo sabe traducir para el alma humana no sólo los placeres más directos que ella extrae de la naturaleza visible, sino aun de las sensaciones más fugitivas...

Comienzan a aparecer en las páginas del cuaderno desnudos de los cuadros de Rubens, muy bien dibujados a la pluma por mí. Yo siempre he sido un gran entusiasta del desbordado pintor de las diosas paganas. En el cuaderno, a continuación, aparecen fragmentos de *Los amores*, de Ovidio:

Iba a cantar, en un ritmo majestuoso, las armas, el furor de los combates. Al tema convenía el metro: el segundo verso del poema era igual al primero. Se dice que Cupido se puso a reír y cercenó furtivamente un pie...

Con algún motivo, que ahora no recuerdo, leería yo a los radioescuchas de América Latina estas historias mitológicas, mientras la guerra continuaba, aunque en París se vivía tranquilo, sólo sobresaltados por las incursiones aéreas, que hasta aquel momento no habían arrojado aún sus bombas.

Y a todo esto, tanto yo como María Teresa éramos refugiados políticos, que teníamos que presentarnos todas las semanas a la policía, donde nos reíamos, pues nosotros teníamos permiso para entrar en un ministerio, y en tiempo de guerra, en una radio oficial, en la que el policía que nos controlaba no podía hacerlo.

Habíamos formado un pequeño grupo de teatro, en el que figuraban algunos españoles también refugiados en París, como Corpus Barga, Andrés Mejuto, Juan Paredes y alguna muchacha, de la que ahora no recuerdo el nombre. Representábamos fragmentos de *La anunciación a María,* de Paul Claudel, un acto del *Britannicus,* de Racine. Mi presentación a los oyentes de América Latina terminaba (no sin disimular un tanto mi disgusto, pues Claudel al inicio de la Guerra Civil española había dedicado un poema al general Franco): «Tal es rápidamente, mis queridos auditores, el resumen de *La anunciación a María,* que como habéis escuchado se trata de una obra noble, marcada de un fervor religioso y humano». Como éramos empleados de la radio, muchas veces nos veíamos obligados a decir algunas imbecilidades y tonterías.

Comienza luego el manuscrito de *Entre el clavel y la espada* precedido por un desnudo a línea, dentro de la sensualidad de los de Rubens. Los poemas se hallan casi todos en el momento de su creación, llenos de tachaduras, pero en la página siguiente, ya en limpio, casi como se ven en el libro ya publicado. Hay muchos, como el de «La Paloma», por ejemplo, que fueron verdaderamente improvisados, casi sin ninguna corrección. Luego vinieron los «Sonetos corporales», alguno, como el de la masturbación, escrito con poquísimas tachaduras, impecables, dentro de su complicado lenguaje y estructura:

> *Mas todo se me mancha de alhelíes*
> *por la movida nieve de una mano.*

Estos sonetos están interrumpidos por otro dibujo que es un desnudo de la mujer de Rembrandt.

Luego viene «Toro en el mar (Elegía sobre un mapa perdido)», y siempre interrumpidos estos originales por ejercicios de la gramática francesa:

Ainsi: así, así pues. *Aussi:* también. *Pourquoi:* por qué. *Cependant:* sin embargo. *Encore:* aún, todavía. *Alors:* entonces. *Pourtant:* sin embargo. *Puisque:* puesto que...

Ahora sigue la traducción de un bellísimo epigrama de Meleagro que no figura en mi libro *Entre el clavel y la espada:*

Trenzaré el alhelí blanco,
trenzaré con los mirtos el narciso delicado,
trenzaré también los lirios sonrientes,
trenzaré aún el dulce azafrán,
trenzaré el jacinto purpúreo y
trenzaré, en fin, la rosa querida de los amantes,
para que sobre las sienes de Heliodora,
la de los bucles perfumados,
mi corona inunde su hermosa cabellera
con una lluvia de flores.

Bajo este poema se ve dibujado un maravilloso desnudo del Giorgione.

En los largos espacios que mediaban entre los noticiosos, me entretuve en traducir *La farsa del licenciado Pathelin,* farsa medieval, que publiqué en la revista argentina *Sur* y que tuvo la suerte de ser representada por las jóvenes compañías teatrales de la Argentina y Chile.

Y aquí no tengo más remedio que reproducir los cuartetos de un soneto, no publicado aún, del *Nuevo burro explosivo:*

¿Qué eres, Alberti, dime? –comunista–
siempre. Tanto peor. ¡Qué mala pata!
No coinciden el mirto y la alpargata.
Ordena mi epitafio al marmolista.
¡Qué dolor de poeta! –soy marxista–
desde hace ya diez años –¡mala pata!–
para las musas. Calla, pobre rata,
que vas del coro al caño oportunista...

Y termina mi manuscrito del año 1939, cuando trabajé como *speaker* en París, en la Radio Paris-Mondial, dirigida a los oyentes de América Latina: mi propósito de esta noche no era el de recodarles la carrera literaria de André Gide, ni de resumirles su obra siempre tan excitante para el espíritu...

Nos tuvimos que marchar de Francia cuando los alemanes iniciaban su avance hacia París. En el *Mendoza,* barco francés que salía de Marsella hacia Argentina, embarcamos en tercera clase María Teresa y yo, llegando al Río de la Plata en el momento en que el *Graff Spee,* gran acorazado alemán, era volado ante Montevideo por los propios alemanes para no ser apresado por la flota inglesa, que lo esperaba desplegada en forma de abanico.

Podría terminar ahora este cuaderno, que ligeramente he examinado y entregué en Buenos Aires a mi amigo Rafael de Penagos cuando me visitó en 1953.

Parce que: porque. *Avant que:* antes que. *A mesure que:* a medida que. *Après tout:* al cabo de. *Après tout:* al cabo, al fin...

El día se me fijó en un árbol, un gran álamo que el viento movía con cadencia todo el tiempo que lo miré. Yo estaba almorzando en casa de un queridísimo amigo al que no había visto de cerca desde hacía mucho tiempo: Teodulfo Lagunero, al lado de Rocío, su encantadora mujer, su hija Paloma y Javier, su marido, María Asunción Mateo y Marcos Ana. Día muy nuboso, con rosales apagados al fondo, reflejados en la piscina.

Mi gran amistad con Lagunero nació en los años míos de Italia. Venía a verme con muchísima frecuencia, primero a mi casa de la Via Monserrato y luego a la de la Via Garibaldi, en el Trastevere. Desde un comienzo, Lagunero me compraba todo cuanto hacía: tanto mis libros como lo que yo pintaba o grababa. En la actualidad y en esta casa de campo donde vive cuando viene a Madrid, cuelga de sus paredes una gran mayoría de mis grabados: las 63 láminas del *Lirismo del alfabeto,* todas las páginas de mi poema «Oh, la O de MirÓ», enmarcadas maravillosamente, grabados dedicados a Picasso, raras serigrafías de palomas y un extraño dibujo sobre

Las tapadas de Vejer. Nunca vi más obras mías colgadas de las paredes de una casa, sin contar el *kakemono,* imitando los de China, que pende en el muro de la escalera, ni el *Juego de la oca-toro.*

Teodulfo Lagunero es un inspirado hombre de negocios, que lo mismo se compra un trozo de serranía que adquiere un pedazo de mar. Vive en diversos países del mapa, tanto en España como fuera de ella. Su hermano Enrique, aún en la época del Funeralísimo Franco, creó la librería Rafael Alberti, que fue asaltada y tiroteada varias veces, a pesar de su escaparate a prueba de balas.

Añado que Teodulfo Lagunero, al mismo tiempo de lo que es, es un conocido hombre de izquierda, generoso, abierto, valiente. Y hablo de él, de su apasionada compañía en este día, esta tarde en que se va a marchar a los toros de San Isidro, mientras yo me iré con María Asunción a escuchar la ópera *Tristán e Isolda,* ese inmenso río de amor wagneriano, cantado de manera maravillosa por Montserrat Caballé durante los tres potentes y delicados actos, premiados al final con una de las más grandes ovaciones que habrá recibido la cantante. Al día siguiente, yo llamé a Montserrat para saludarla en persona, no habiéndome sido posible hacerlo en el teatro. Desde el hotel me contestó su sobrina, aunque yo hubiera deseado hablar con la soprano. Desde aquí la saludo nuevamente y la aplaudo.

Es absolutamente imposible seguir así, pienso después de todo esto. Los gorriones no pueden soportar a las palomas. Y ahora son tres las que llegan, a veces juntas, para comerse el alpiste, que en principio era solamente para los pajarillos. Las palomas, además, como abultan mucho, están a punto de romper los geranios, que se alzan alegremente brotando su primera flor, y como yo ahora tengo muy pocas cosas que mirar a través del cristal de la sala donde estoy trabajando, vivo deseando que las palomas no vuelvan. A veces, me quiero ir, volar por el aire de las calles y llegar hasta mi balcón para comer un poco de alpiste. No me bastan las habas o los espárragos trigueros que como. Quizá sólo el alpiste me viniese bien para la transformación que estoy buscando. ¡Oh, Señor, que la próxima vez comiencen a retratarme en los periódicos con alas de jilguero! Quiero vivir una gran temporada volando, posándome en las ramas de los árboles hasta llegar por los caminos a mi bahía de Cádiz, convirtiéndome allí en un camarón o en una coquina, de esas que se cogen cuando se aleja el mar y aparece la barra extensa y tranquila hasta que la marea surge de nuevo.

Pero, de pronto, llaman a la puerta. Son dos altos muchachos holandeses que me traen un libro. Aunque yo estoy preparando este capítulo de *La arboleda perdida*, les digo que se sienten y tomen una copa de vino de El Puerto conmigo. *El teatro político de Rafael Alberti* se llama el libro que me entregan. Tengo la impresión de que se trata de un libro importante. El que es autor me dice, modestamente, que piensa que sí. Lo ha escrito y publicado en Salamanca. El otro muchacho no despega los labios. Les digo que yo conozco Holanda, que la primera vez que estuve allí fue con Núria Espert para dar un recital. De pronto salta el nombre de Van Gogh, que se cortó una oreja y se la envió envuelta en un pañuelo a su amigo Gauguin.

Mañana tengo que ir a la Feria del Libro para pregonar en la caseta de la editorial Hiperión mis *Canciones para Altair*... Y el día 14 por la mañana he de ir a la Real Academia de San Fernando para recibir ante Su Majestad la reina Sofía el nombramiento de académico de honor. A mi discurso contestará el excelentísimo académico y pintor granadino Manuel Rivera, mi divertido amigo Manolo.

Este capítulo que se va terminando parece el diario de un día, aunque esté cayendo la noche y las tres palomas juntas vuelvan para comer el alpiste, desalojando a los pobres y tiernos gorriones que no encuentran ya sitio entre los geranios a punto de perder la flor.

Me acabo de enterar de que Teodulfo Lagunero ha comprado una estrella en la Vía Láctea para ir con su familia a pasar el verano.

El día de la huelga –uno cualquiera entre tantos– lo pasé muy bien sin mirar la televisión, que todo el tiempo, tras la cortina estática del canal segundo, se pasó tocando música. ¡Qué maravilla no ver la monotonía insoportable de los dos canales, ay de mí, condenado casi todo el tiempo a soportarlos! Tocaban, eso sí, buena música, con orquesta, con piano, con órgano... ¡Qué maravilla, sin molestarme yo en poner ningún disco! Aprovechaba para, al mismo tiempo, leer a Rainer Maria Rilke: *La canción de amor y muerte del alférez Cristoph Rilke,* de la que yo y en alemán me sabía el comienzo, con asombro de su traductor al español, Jesús Munárriz, que no se lo esperaba. Sí, yo, cuando me encontraba en Berlín, el mismo año en que Hitler subió al poder, estudiaba alemán, sabiéndome de memoria poemas de Goethe, Schiller, Heine... Y aquel poema en prosa de Rilke me había gustado mucho, diciendo de memoria su comienzo. Del alemán cotidiano no conocía ni una palabra... Era maravilloso recitar aquellos versos ignorando al mismo tiempo cómo se decía «buenos días». ¡Tiempos aquellos, con Rosa Chacel en

Berlín y los soldados hitlerianos pateando en las calles los charcos, salpicándonos de agua los trajes, clavándonos al mismo tiempo sus feroces miradas!

Rosa Chacel estaba con María Teresa y conmigo en la misma pensión. No creo que se moleste ahora conmigo si descubro que estaba locamente enamorada de un joven y gran psicoanalista español, que un día, ay, desapareció marchándose a la Argentina. No creo que Rosa Chacel –repito– se disguste ahora conmigo por este retrasado medio soneto que le dedico por su nombramiento de doctora *honoris causa* por la Universidad de Valladolid. Siempre escribí a Rosa sonetos más o menos disparatados. Ella me pagó bien, dedicándome en Buenos Aires alguna magistral conferencia sobre mi poesía. He aquí el medio soneto:

Era en Berlín, ¿recuerdas? Tú querías,
tú amabas, bella y joven, tú eras Rosa,
con aire de Tirana goyesca, de dichosa
enamorada que de amor morías.

Bien mereces ahora ser doctora
honoris causa, que tu pueblo adora
y hasta por ti repica sus campanas.

Yo soy también doctor, y en mi arrebato,
aunque no tenga ni el bachillerato,
abro en mí a Rosa todas las mañanas.

Pero yo, en vez de partir para presenciar en Valladolid el doctorado *honoris causa* de Rosa Chacel, lo hice para Granada, en donde la ciudad lorquiana de Fuente Vaqueros iba a hermanarme con Federico. Fiestas y homenajes para los dos: un gran busto en bronce del escultor Eduardo Carretero en el nuevo parque Rafael Alberti, al que yo he prometido juntarme un día con Federico, y allí, los dos, sentados en un banco, charlar y escribir todo aquello que nos habíamos prometido hacer en la Huerta de San Vicente. Claro que nos acompañaría, sobre todo el primer día, el muy movido poeta Juan de Loxa, cuidador desvelado de todo lo que existe y sucede en Fuente Vaqueros, y sobre todo de la casa que habitó Federico, en la que está presente el amadísimo piano del poeta, que en la visita que le hice acompañado del gran garabatista pintor Roberto Matta, éste pulsó sus notas con un membrillo que había por allí en un frutero junto a unas granadas y limones.

Durante el emocionado y hermoso hermanamiento llovió a mares, a veces de manera continua, aunque con ligeros claros. Era angustioso oír hablar temerosamente al alcalde de Fuente Vaqueros, oír recitar al poeta Ladrón de Guevara un largo poema divertido, a Carmen de la Maza decir maravillosamente dos poesías, una de Federico y otra mía, faltándome escuchar al alcalde de El Puerto de Santa María, que había viajado durante toda la noche para saludarme en nombre de mi ciudad natal. La lluvia fue aún canalla, pues hasta hizo que no cantara Víctor Manuel, no atreviéndose a tender los cables eléctricos de su orquesta sobre el suelo mojado. Yo aproveché una pausa de la lluvia para decir tres de mis poemas dedicados a Federico: un primer soneto que le escribí al conocerlo, la «Elegía a un poeta que no tuvo su muerte», la «Balada del que nunca fue a Granada» y un fragmento de «No han pasado los años». Cuando regresé de Fuente Vaqueros encontré en un restaurante a Isabelita García Lorca, con la que regresamos juntos a Granada.

Durante los homenajes del hermanamiento, un grupo de jóvenes representó mi obra teatral *Noche de guerra en el Museo del Prado,* que hicieron muy bien, según me dijeron algunas personas que la habían visto.

Al día siguiente de terminados los actos de hermanamiento con Federico amaneció un tiempo maravilloso. Por la tarde, a las ocho, Ian Gibson, autor, como es sabido, de una monumental vida de Federico García Lorca, iba a presentar su última obra dedicada al poeta: *Granada, en su Granada.* Lo haría dentro de la Alhambra, en el patio de los Arrayanes, un maravilloso patio lleno de serenidad y melancolía, con un muro al fondo de una prodigiosa arquitectura árabe, adherido a otro muro del palacio de Carlos V. Extraordinario patio de la Alhambra, con un estanque ancho y largo, ceñido por oscuros y exactos arrayanes, de una armonía única, con su reflejo fijo y geométrico en el agua, seguro y pensativo. Crepúsculo maravilloso, resonado de la voz de José Manuel Caballero Bonald, invitando a la lectura de *Granada, en su Granada,* el escalofriante verso acusador de Antonio Machado y título del último libro de Ian Gibson sobre la vida cotidiana de Federico en Granada. Yo, como en Fuente Vaqueros, recité tres de mis poemas dedicados al poeta a lo largo de su vida. Cerró el emocionadísimo acto el cantautor granadino Carlos Cano, que sobriamente, sin adornos andalucistas, cantó algunas casidas de Federico, resaltando la titulada «Palomas oscuras».

Una inmensa y redonda rueda de negros vencejos manifestó gritando su protesta por el espacio del palacio de los Arrayanes, mientras resonaba la voz del acto para el libro sobre Federico y comenzaba a entrar la noche.

Conturbado con las salvajes ejecuciones de estudiantes en China, salí de mi casa para ingresar como miembro de honor de la Real Academia de Bellas Artes de San Fernando. Y verdaderamente que fue alegre y luminosa mi entrada en ella. Y no porque luciera yo un frac, un bello frac negro –alquilado por cierto– con dos caídas alas de vencejo centradas por una tersa camisa blanca, con un cuello en el que se posaba por corbata un pajarito negro, no. La verdad es que me caía bien todo el traje, volviéndome de una juvenil elegancia sonriente, un nuevo académico sin edad, no tanto como Manuel Rivera Hernández, que fue, con el presidente Federico Sopeña, el alma de mi ingreso en ese bellísimo palacio, que yo conocía desde mis dieciocho años y había frecuentado antes que Dalí, cuando era profesor de ropaje Julio Romero de Torres y director Moreno Carbonero.

El principal acontecimiento de aquel acto era que Su Majestad la reina doña Sofía iba a presidirlo, entregándome el diploma y la medalla de académico. En un momento dado, a las doce en punto de la mañana, alguien anunció, gritando fuerte, desde la puerta del fondo de la sala en donde se encontraba ya apretada la gente: ¡La Reina! Y entró, alta, fuerte, bella y rubia Su Majestad la reina doña Sofía, avanzando sola hasta la mesa del estrado, en donde habían de sentarse luego el ministro Jorge Semprún, el presidente Federico Sopeña y otros académicos. Entonces descendieron para llevarme al puesto de mi discurso Miguel Rodríguez Acosta y Manuel Rivera, hallándose ya sentados cerca de mí todos los académicos. Después de pedir la venia a Su Majestad, me dispuse a comenzar mi discurso, que pronuncié sentado (por culpa de mi conocido accidente): *La palabra y el signo.* Yo, que me precio de no equivocarme casi nunca, lo hice varias veces, por culpa de mis gafas, que de cuando en cuando se me desprendían. Confieso que estuve a punto de soltar varios tacos, pensando en que la Reina lo comprendería, perdonándomelos. Comencé evocando mi entrada por primera vez en el Prado:

El Museo del Prado ¡Dios mío! Yo tenía
pinares en los ojos y alta mar todavía,
con un dolor de playas de amor en un costado,
cuando entré al cielo abierto del Museo del Prado.

Luego conté en mi discurso cómo corrí al Casón de la calle de Felipe IV para hacer «academias», aprender a dibujar, copiando desde la *Victoria de Samotracia,* la *Venus de Milo* y la de *Médicis,* hasta aquellas cabezas romanas, entre las que se destacaba la de Séneca, el cordobés, que parecía una rata, contando luego mi entrada en el Museo del Prado para copiar un *San Francisco muerto* atribuido a Zurbarán, hablando de la llegada de Daniel Vázquez Díaz a Madrid, de mi amistad con él, de mis primeros cuadros que expuse en el Salón de Otoño del Retiro y de la caricatura que hicieron a uno de ellos de vanguardia, titulado *Nocturno rítmico de la ciudad,* que decía: «Este nocturno rítmico, de día, es una descomposición de la sandía», cosa que a la Reina le divirtió, esbozando una larga sonrisa. Mi discurso continuó, mientras las gafas me lo interceptaban haciéndome equivocar y sonreír a la reina Sofía por mis clarísimos gestos de mal humor. Hablé de Tiziano, de Rubens, recitando fragmentos de mis poemas dedicados a ellos. Luego, dije mi poema dedicado a Jerónimo Bosch, *el Bosco,* pintor incluido en el infierno en que vivía Felipe II, que divirtió mucho a la Reina, y terminé con mi poema a Goya, en el que suprimí, cortésmente, aquello de

y la borbón esperpenticia
con su borbón esperpenticio,

terminando mi conferencia pidiendo ser nombrado cicerone de la Academia para explicar especialmente los gigantescos monjes de Zurbarán y a esos goyas tan altos para el éxtasis como *La Tirana* y las escenas carnavalescas, a los que ensalzaría ante la gente que visitase las maravillas de esos dos pintores que ocupan tan extraordinarios puestos en las salas de la Academia de San Fernando. Al terminar mi discurso dediqué a Su Majestad esta pequeña estrofa:

Y gracias Majestad,
por haberme traído en este día,
bajo vuestra tranquila y rubia claridad,
tan clara compañía.

El académico Manuel Rivera, levantándose de su asiento, me dedicó un discurso lleno de claridad y gracia andaluza, que la sabe poner en todo cuanto habla, dándome la bienvenida a la Real Academia de Bellas Artes de San Fernando, haciendo un recorrido de mi vida como discípulo de Vázquez Díaz, como copista en el Museo del Prado, amigo del matrimonio Delaunay y autor de una Virgen, que pinté para García Lorca, apareciéndose sobre un olivo de la vega de Granada, Manuel Rivera terminó su emocionado discurso diciéndome: «Acabas de solicitar de esta corporación que te permita ser cicerone en el museo de esta Academia. Te concedemos llenos de gozo este puesto para que desde él puedas dar de nuevo tu palabra a la pintura. Esta Real Academia de Bellas Artes de San Fernando abre sus nobles y antiguas puertas para ti».

Después del discurso de Rivera, Miguel Rodríguez Acosta y él se acercaron a la reina Sofía para ayudarme a colgarme sobre los hombros el collar con la medalla de académico. Con una larga sonrisa afectuosa entregó a los dos académicos el collar para que me lo pusieran.

Todo el acto había sido enternecedor y deslumbrante. Yo quedé profundamente lleno de emoción y agradecimiento. Vuelto a mi casa, escribí para Su Majestad la reina doña Sofía este soneto, que ha levantado críticas estúpidas de los que han interpretado estos versos como un «cambio de chaqueta» del viejo poeta comunista. Ahora, cuando lo reviso para publicarlo en este último libro de memorias, pienso que volvería a escribirlo otra vez, aunque sólo fuera para asustar un poco a tanto majadero:

Si yo fuera monárquico, señora.
con cuánto honor, con cuánta gallardía,

con permiso del Rey, os llamaría
la de altos hombros, cimbreada aurora.

Después, fuerte señora, ¿qué os diría
de ese cabello que a la mar colora
de ondas rubias, que tanto me enamora,
con permiso del Rey, yo besaría?

Al fin de tan ceñido y resonado,
con permiso del Rey, verso puro,
para la Reina y fuerte alta Sofía,

mi corazón azul tras ella a nado,
con cuánto honor, con cuánta gallardía,
si yo fuera monárquico, os lo juro,
con permiso del Rey, os seguiría.

En 1925 yo comencé a escribir mi segundo libro de canciones, *La amante:* un viaje desde la sierra del Guadarrama, con una enamorada ideal, hasta los litorales cantábricos, llevando el saludo de mi mar gaditana, hasta aquel nórdico mar de Santander, perdido hasta mezclarse con el nórdico mar que da su bella altura y rubias cabelleras a las tan bien plantadas muchachas santanderinas. El mar, que lo es también del poeta Gerardo Diego. Yo iba a la Universidad Menéndez y Pelayo para acompañar a José Luis Pellicena en su audaz representación *Entre las ramas de la arboleda perdida.* Allí había llegado el gran actor con su inseparable animadora y productora del espectáculo: Olga Moliterno. Allí se encontraba ya el joven entusiasta, dispuesto a ofrecer al público ráfagas variadas de mi vida, de manera continua, relampagueadas de imprevistos poemas, y todo accionado bajo breves indicaciones o subrayados del largamente conocido José Luis Alonso. El paso de la intencionada y biográfica prosa al de los versos armonizaba su musicalidad con la manera de decirlos, ya tan acreditada como una de las pocas en toda la escena española de hoy. Hay que recordar al José Luis Pellicena de *El médico de su honra, El caballero de Olmedo, El despertar a quien duerme, La estrella de Sevilla*... La representación comienza con mi propia voz diciendo como a distancia el prólogo de mi *Arboleda perdida,* que enlaza maravillosamente con el cambio de voz de José Luis dando cuenta de mi nacimiento en El Puerto de Santa María, de mi familia, católica hasta la exageración, de mis años colegiales, de mi vocación pictórica hasta mi traspaso a Madrid y de mi ingreso como copista en las asombrosas salas del Museo del Prado... Sería inocente ahora repasar mi vida en las ramas dispersas de mi *Arboleda* elegidas y dichas por Pellicena. Me daba cierto pudor aplaudirme a mí mismo al mismo tiempo que el público que seguía atento la representación. Al final, después de una extraordinaria atención en la sala del Paraninfo de la Universidad, me levanté para saludar al gran actor que con tanta audacia y maravilla ha sabido crear tantas escenas dispersas de mi vida, destacando, escogiendo con tan justo criterio las mejores y más eficaces para el público, que escuchó con tanta atención y largamente. Al salir de la sala me saludó una bella y alta nieta de Dolores Ibárruri, *la Pasionaria,* hija de Amaya, a la que conocí en Moscú junto a su maravilloso hermano Rubén, muerto heroicamente como aviador en la defensa de Stalingrado. Al marcharme del mar de Santander, me acordé del primer poemilla que le hice en 1925 al pisar la tierra cantábrica de Laredo:

Marinero, ¡mis zapatos!

Las calles de la marina
hay que pasarlas descalzo.

Del mar Cantábrico corrí en poco tiempo al corazón del Mediterráneo. Corrí a Mérida, cerca de 400 kilómetros por tierras toledanas y extremeñas, sombreadas de poderosas encinas y alcornoques. Corría para ver *Medea,* la genial ópera de Cherubini, protagonizada por Montserrat Caballé, la suntuosa soprano catalana, y el tenor Josep Carreras, salvado milagrosamente de una gravísima enfermedad que lo sostuvo durante mucho tiempo en la antesala de la muerte. La expectación era enorme. No quedaba ya una sola entrada. Se decía que en la reventa se había llegado a 200.000 pesetas por un solo puesto en la gradería del teatro. Al llegar al hotel, antes que con José Monleón me encuentro con Ángela, su fina y delicada hija, trabajadora hasta el frenesí, invisible perfiladora de los actos que han de celebrarse este año en el XXXV Festival de Mérida. Se siente, se tiembla porque esta noche se prepara el casi estallido de un incalculable acontecimiento: el estreno de la *Medea* de Cherubini, para el que han llegado personas de todo el mundo. Mientras, ayer noche, actuó en el Anfiteatro Romano María Dolores Pradera, extraordinaria voz, llena de una sonora juventud, con sus canciones, que regaló, generosa, al gran público que llenaba el anfiteatro. Allí cantó, apoyada en sus espléndidas condiciones de actriz, todo su gran repertorio latinoamericano, entre fados portugueses, salpicados poemas, recitados de sencilla y magistral manera, de Pessoa, en medio de aquella misma arena en donde fueron devorados por los leones tantos gladiadores y perseguidos cristianos. Noche inolvidable llena de la maravillosa y siempre juvenil voz de María Dolores Pradera, acompañada por dos guitarristas excepcionales.

Y el estreno, la primera noche de la *Medea* se aproximaba. Incontenible emoción, como en aquellas tardes en que toreaban Joselito y Belmonte. A las diez y media de la noche ya el público había invadido todos los tendidos del teatro, desde los más bajos a los más altos, apiñadas las gentes codo con codo, creando un espectáculo a la vez que imponente, enternecedor, haciéndose un absoluto silencio cuando apareció el director de orquesta e inició el preludio, verdaderamente magnífico, de la ópera de Cherubini, compositor que hasta el mismo Beethoven admiraba. El público se había instalado tembloroso, lleno de la mejor fe, dispuesto a prorrumpir en aplausos a cada instante. Así sucedió cuando apareció Medea y, a solas con Jasón, decide vengarse de él si decide unirse con Glauce.

El público está electrizado y subraya con sus inmensos aplausos cada escena. No he de seguir yo ahora paso a paso la terrible tragedia, siempre, repito, aplaudida hasta el frenesí por los espectadores, sobre todo cuando Medea, en una colina cercana a palacio, llama a todos los dioses infernales para que le den valor para asesinar a sus dos hijos clavándoles un puñal en el pecho. Neris, esclava de Medea, intenta convencerla de que no los mate. Pero, al fin, Medea cumple su venganza. Se empiezan a escuchar gritos a lo lejos. Poco después las euménides acompañan a Medea, mientras el fuego consume el palacio y la hechicera levanta el puñal manchado con la sangre de sus hijos. Faltó poco para que el público, como en las plazas de toros, se arrojara al ruedo para sacar en hombros a los cantantes.

Eran ya casi las cinco de la madrugada. Yo salí defendiéndome de la multitud como pude, acompañado por la misma misteriosa y atrayente persona con la que viajé a Toledo, que esta vez no pudo escapar de los fotógrafos. Un taxi esperaba a la salida del teatro. Había sido para el

Festival de Mérida un inmenso acontecimiento. De todas las obras presentadas en su Teatro Romano, esta ópera de Cherubini, cantada por Montserrat Caballé, será recordada como algo único.

Cuando ya amanecía y aunque no me había separado de cierta estrella, advertí que casi iba a salir el sol y sentí que el mar Mediterráneo cabeceaba cantando contra los muros del Teatro Romano de Mérida, con más amoroso ímpetu que nunca.

Tuve que interrumpir las pleamares de la bahía de Cádiz, el restallante sol sobre las cúpulas de su catedral, las huellas de mis pies en las espumas de Valdelagrana, para saltar a los pinares guadarrameños de El Escorial, erguidos sobre los tejados y torres del monasterio de Felipe II. Y no iba yo para salvar, trayéndolos a Madrid, el *San Mauricio* de El Greco, algunos pequeños cuadros de Goya y otros de Jerónimo Bosch, *el Bosco,* tan amado por el extraño Rey. Es decir, que iba ahora sin la compañía de María Teresa, José Bergamín y Arturo Serrano Plaja. Ninguno de los tres existen ya. Nuestra guerra se acabó hace más de cincuenta años, y María Teresa murió no hace todavía uno, el 13 de diciembre, el mismo día que una gran huelga general detuvo toda España. ¿Para qué iba yo ahora a El Escorial al final del verano? Iba a los cursos que la Universidad Complutense ofrecía como homenaje a María Teresa León. Era toda amiga la gente que iba a participar, aunque solamente dos, el actor de las Guerrillas del Teatro Salvador Arias y Marcos Ana, joven comisario del Ejército republicano y poeta, encarcelado y condenado a muerte durante veintitrés años, la habían conocido personalmente en la plenitud de sus facultades.

Tenía yo que intervenir el primero, y comencé diciendo que María Teresa había sido una de las muchachas más bellas de su época, imagen que no quiero que nunca se borre con esas fotos de sus últimos meses de vida que unos –entonces– amigos, le hicieron cuando me acompañaron a visitarla. Fotografías que sin mi consentimiento, pues yo no estaré ya para impedirlo, se publicarán en un libro cuyo título de científico estudio literario encubrirá la morbosa intención de mostrar la crueldad del tiempo sobre María Teresa y, sobre todo «desvelar posibles secretos» de mi intimidad que, con seguridad, querrán propagar que compartieron. ¿Qué hacer con estos desdichados seres que intentan escalar siempre con nombre ajeno? Citar sus nombres sería proyectarlos hacia el futuro.

Seguí hablando de María Teresa, de su valor, su valentía, de sus condiciones de estupenda oradora y organizadora en la Alianza de Intelectuales Antifascistas durante toda la guerra y como directora también de las Guerrillas del Teatro del Ejército del Centro y del Teatro de Arte y Propaganda, situado en el de la Zarzuela, donde dirigió, entre otras obras, la *Numancia* de Cervantes, *Los títeres de la cachiporra* de Federico García Lorca, y la zarzuela *Château Margot,* llevando siempre, como ya he contado, a Santiago Ontañón como escenógrafo. Hablé luego de su vida en Buenos Aires y Montevideo, de su labor cinematográfica, en la que destacó *La dama duende,* que obtuvo un premio internacional, y de sus charlas por la televisión y la radio. Me hubiera extendido hablando de su labor literaria, de su intervención en el salvamento del Museo del Prado, de toda su vida plena, incansable, tanto en Argentina como en los primeros años de

Italia. Cuando en 1977 volvimos a España, ya María Teresa estaba deshecha y perdida. Enseguida se ocupó de ella, de manera desvelada y entrañable, mi sobrina, que ya no la abandonó hasta el día de su muerte en un sanatorio de Majadahonda.

La persona que habló más conmovidamente fue Marcos Ana, que sostuvo una larga y difícil correspondencia con ella desde la cárcel de Burgos y que dio a conocer un disco con la voz de María Teresa en un discurso que hizo estremecer a todos cuantos la escucharon. Puedo decir que fue la intervención más entrañable, y su amistad, una de las más valiosas que tuvo María Teresa, desde aquellas cartas primeras hasta los últimos días en que la vio en Italia.

Luego habló el actor Salvador Arias, que lo había sido en las Guerrillas del Teatro del Ejército del Centro, y contó cómo eran recibidas estas «guerrillas» por los soldados en los diversos frentes de batalla, el éxito de las obras del teatro de urgencia que figuraban en el repertorio y el de los pasos de Lope de Vega y Calderón de la Barca, cuyos bufones eran tan celebrados entre los soldados de las trincheras. No olvidó la intervención, como escenógrafo y también como actor de Santiago Ontañón, nuestro extraordinario amigo, fallecido en estos días. Arias nos sorprendió además con la lectura de algunas escenas de una obra inédita de María Teresa, *La libertad sobre el tejado,* y un soneto suyo dedicado a ella.

En otro de los actos, María Asunción Mateo, que fue a verla cuando ya estaba hundida en el olvido, en aquel jardín de Majadahonda, leyó unas temblorosas páginas que movieron a toda la sala, y el profesor Robert Marrast dedicó un detenido y hondo estudio a su novelística. Con una bellísima página de José Manuel Caballero Bonald y con la intervención de José Monleón sobre el teatro de la escritora concluyó este gran homenaje de los Cursos de Verano de la Universidad Complutense, en El Escorial, a María Teresa León.

Fueron cuatro días emocionados y densos, ideados por el entusiasmo y dinamismo de Gonzalo Santonja, bajo la incisiva y tierna dirección del gran escritor uruguayo Mario Benedetti.

Estas sesiones además fueron entrelazadas con la lectura de los poetas latinoamericanos Eliseo Diego, Enrique Molina, Antonio Cisneros, Jorge Enrique Adoum, Claribel Alegría, Idea Vilariño y Tomás Segovia, valenciano afincado en México.

La última noche, el gran actor Francisco Rabal y yo habíamos ofrecido en un bello salón, rodeado por los inmensos pinos de la sierra, un recital dedicado a María Teresa. Haciendo la selección de los poemas, yo advertí a Paco que me parecía algo breve, respondiendo él que sería suficiente. Comenzamos el recital, diciendo Paco unas cuantas prosas de *Memoria de la melancolía* y añadiendo yo algunos de mis «Retornos de amor». Pero no habían pasado dieciocho minutos cuando terminaba nuestra selección, y tuvimos que elegir, al azar y bromeando, nuevos poemas. Con un gran desorden mezclábamos textos que sabíamos de memoria, haciéndonos los dos una gran taco, que el numerosísimo público recibió divertido, aplaudiendo muerto de risa. De esta manera, el homenaje se convirtió en un acto alegre y juvenil, quitándole toda solemnidad. Y para cerrar se me ocurrió de súbito decir una canción del poeta extremeño del siglo XVI Diego Sánchez de Badajoz, que sin duda hubiera divertido a María Teresa:

No me las enseñes más,
que me matarás.
Estábase la monja
en el monasterio.
Las teticas blancas
bajo el velo negro.
No más,
que me matarás.

En la cripta de la catedral de Cádiz, a varios metros de profundidad del mar, defendido por sus cimientos, vive latiendo el corazón de don Manuel de Falla. Junto con los miembros de la Embajada de la República Argentina y de la Diputación gaditana fui para llevarle una ofrenda floral como homenaje celebratorio de los 50 años de la llegada de don Manuel a Argentina.

Gran día para Falla hoy éste de Cádiz en que su nombre fue unido tan entrañablemente al de sus años de residencia y soledad en aquel pueblo de Alta Gracia de Córdoba (Argentina), en medio de una sierra que al maestro gaditano recordaba los montes de la Sierra Morena andaluza.

Falla era gaditano, sí, nacido, creo, en la plaza de San Antonio, pero se fue pronto a Madrid y luego a París, en donde llegó en sus primeros años de escasez a tocar el piano en una compañía de circo de la cual fue despedido como mal pianista por no lograr hacer coincidir un acorde con el salto de una cabra que debía posar sus cuatro patas sobre el gran tapón de una botella. Esto me lo contó él ya tarde, creo que hacia el año 1927, cuando vino a Madrid para estrenar su *Concierto en re mayor*, para clave, flauta, oboe, clarinete, violín y violonchelo, la misma obra que la Camerata Bariloche, de la República Argentina, estrenó en Cádiz la otra noche en el salón Regio del Palacio Provincial, con un inmenso éxito, por unos ejecutantes de primerísimo orden, cuyo director era Elías Kayat. Él me llevaría a las olas, golpeando en los cimientos de la catedral esta perfecta ejecución, quizá de la obra más plena y poderosa del maestro gaditano.

Creo que el nombre de Falla, a pesar del gran teatro que lleva en Cádiz su nombre, suena más en los aires del mundo que en su ciudad natal. Este gran andaluz universal, como diría de él Juan Ramón Jiménez, debiera haber estudiado su bachillerato en el colegio de san Luis Gonzaga de los jesuitas de El Puerto, como el propio Juan Ramón, Fernando Villalón, Pedro Muñoz Seca y como yo. Sería hoy su nombre un argumento más... Se trataría así de un premio Nobel, un Cervantes, un divertido y sorprendente autor teatral, un inesperado poeta sevillano y un genio de la música de nuestro tiempo. Sería una razón más para no borrar de la fachada el nombre del colegio ni vender las salas del teatro y las fiestas culturales a una escuela de tiro, creo, de la Guardia Civil, ni borrar toda la bella plaza de San Francisco.

Por cierto, que yendo en el avión para Jerez, un sobrecargo de la compañía aérea se acercó para saludarme con gran afecto y para decirme que un extranjero que iba en primera le había dicho, extrañado, cómo una gloria universal como yo iba en un asiento de segunda. ¡Qué maravilla! Me hubiera gustado aclararle que en Aviaco ambas clases se diferencian en que en la primera te ofrecen un whisky y en la segunda, una coca-cola.

Quiero decir ahora que esperando en Madrid junto a María Asunción cambiar de avión para ir al Festival de Cine de San Sebastián, embarcamos a Marcos Ana, que había ido al aeropuerto para saludarnos. Nos lo llevamos, sí, al Festival, al que fuimos invitados por la encantadora e inteligente persona de Diego Galán. Allí supimos de Bette Davis, aunque nunca la vimos, pues no salía de su habitación, sentada en una silla de ruedas. Lo que más nos interesaba de esta visita al Festival era la película de María Teresa León *La dama duende,* premiada hacía tiempo en otro festival, realizada por el gran director argentino Luis Saslavski.

Desde San Sebastián, en donde mejor que su festival cinematográfico eran las playas, la ciudad, los pueblos costeros, bajamos de un gran salto a los mares y cielos de Málaga, a casa de Teodulfo Lagunero, mi ya citado amigo desde mis años de Italia, que me acompañó en nuestro viaje de regreso a España. No tengo que repetir su frenesí y genialidad para adquirir trozos de mares y montañas, subir llanuras a los cielos, crear precipicios donde no los hay, etcétera. Al verlo de nuevo se me ocurrió una exclamación que García Lorca sin venir a cuento, decía de pronto: «¡Qué talento! ¡Qué talento! ¡Ay, qué talento!». Se me ocurrió de pronto aplicársela a él. Y allá en lo alto de una cima en donde pensaba crear un campo de golf le leí estas festivas aleluyas que le había escrito:

¡Qué talento! ¡Qué talento!
¡Ay, Señor Dios, qué talento!
Cien mil millones por ciento,
siempre en un gran mar de aumento.
¡Qué talento!
La tierra en los llanos crece

y en otros montes decrece.
Nace el golf en la colina
y el fútbol en una esquina.
Un oceano de balcones
lo alimenta de ilusiones.
Quisiera secar el mar
tan sólo con pasear
en un barco de recreo
y sólo en un gran paseo.
Quiere tener el oficio
de ir alzando precipicios
por tranquilos paisajes
que irá a verlos sin viajes.
Si lo buscas en el llano,
subirás al altiplano.
Irá a las constelaciones
para buscar sus melones.
Su perro que es un pasota
lo ha convertido en pelota.
¿Su nombre quieres saber?
Búscalo al amanecer.
Nunca en algún agujero
pues se llama Lagunero.
Y existe aunque no lo creas
y aunque tal vez no lo veas.
¡Qué talento! ¡Qué talento!
¡Qué misterioso portento!

Tras pasear con su yate sobre el incomparable mar malagueño, dejé los soleados balcones de Lagunero y partí, recorriendo más de los 100 kilómetros que faltaban para llegar a Cádiz. Allí me esperaba don Manuel de Falla, a varios metros de profundidad del mar, en su cripta, defendida por los cimientos sumergidos de la catedral.

Sé que cuando mis cenizas sean arrojadas a la bahía gaditana, las olas las llevarán contra los muros de su cripta y oirán largamente la música callada de su corazón sumergido.

Todas estas cosas las contempló la estrella Altair desde una golondrina.

La verdad es que no sé bien si quiero morirme. No lo quisiera, creo. Tengo decidido -lo he repetido muchas veces- llegar hasta el año 2015. Mas hay días en que pienso que es una exageración y hasta una soberana tontería, porque ¿qué saco yo con llegar hasta ese año del nuevo siglo? ¿Escribir otros cuantos libros, esperar que algunos pocos poetas más jóvenes, unos archiarchinovísimos publiquen seguramente unos cuantos libros peores que los míos, o casi peores? Pero no, no se trata de eso. Se trata de vivir más y ver qué pasa, qué va sucediendo durante todo ese tiempo. El amor. ¿Subsistirá el amor igualmente durante todo ese tiempo? ¿No se envejecerá? ¿Serán aún más blancos los cabellos? ¿Pensaré de nuevo pasar el mar, como el conde Olinos? ¿Comenzará de nuevo el tiempo en que se comience a pensar en la celebración de un nuevo centenario, el sexto, del descubrimiento de América, del gran encontronazo a cristazo limpio, que así y a ratos sigue siéndolo?

Ven ya del fondo de tu cueva oscura, sin palomas, las gruesas palomas asesinas y asesinables. Tan sólo quiero gorriones, pajarillos ágiles y flexibles. Amor. No te canses ni te duermas cuando no conviene. Las palomas todo lo ensucian y lo cagan. Derriban las esculturas de las torres, de las altas terrazas y balcones. De los gorrioncillos sólo quiero sus píos débiles y repetidos. Porque yo no sé ya si tú me quieres y tus labios se caen y hay que bajar al suelo para subirlos a su sitio. Hermosa mía, hermana de los cedros, del ventalle que te ciñe los hombros y jalea resbalando sobre tus pechos. No sé escribir ya, quizá lo esté empezando a notar yo mismo. Es triste ir pisando un siglo que a uno ya no le pertenece. No es fácil llenar tres páginas sin ton ni son. ¿Adónde ir sin saber adónde ir? Te estoy acariciando, pero tan sólo son las piernas y los pechos del aire lo que encuentro. Cuando Louis Aragon escribía *El coño de Irene* sabía bien lo que estaba haciendo, lo que tocaba por las calles oscuras o en los cuartos con sábanas frescas y temblorosas. Nancy Cunard era bella y pasaba muchos días de cañoneo en Madrid con nosotros. Salvó a mucha gente nuestra de los campos de concentración de Francia. Vivió bastante tiempo después de la Segunda Guerra Mundial y luego se murió. El viento se me viene encima y me dobla y me voltea y hace rodar por el suelo.

Ya no me gustan las aceitunas verdes, prefiero las negras, medio rotas y chorreadas, ahora que están agonizando los caballos y se mueren sedientos al borde de los ríos y olvidan el bailar trenzando las patas y cayéndose y encerrando en sus ojos jirones de nubes y retazos azules de los cielos.

Hermana, hermana mía, moriste antes que yo. Yo he alcanzado ya los ochenta y siete. Desde luego viviré más que tú, llegando a esa edad señalada en que sólo contemple los gorriones, eliminando a las palomas que les hacen la guerra, expulsándolos violentamente del barandal de mi terraza.

Y a todo esto Radio-Hora marca la hora exacta: las cinco y diez minutos de la madrugada. Para Sagitario. Te verás absorbido por el trabajo, dada tu manera de ser. Las dos de la noche en la República Argentina. Doce grados de temperatura en Francisco Silvela. Santo del día: Jacobo... Seguramente el santo de mi gran amigo Jacobo Muchnik. Muchos están esperando la cárcel. Y ganar las elecciones. Me siento herido en un costado. Es la noche de los inconvenientes, ahora que la Academia de la Lengua va a reformar la *ll* (elle). No me he enterado bien. Paco Vaca se ha marchado a Argentina con deseos de encontrar obras mías para la celebración de mi cumpleaños. Me encuentro llorando en la cama de mi madre. Tengo unos pocos meses. No tengo ganas de nacer de nuevo, de crecer y llegar a los ochenta y siete años, volviendo a ser lo que he sido. ¿Quién tiene la culpa? Es idiota y triste lo que me pasa. Vientos montaraces en la terraza. Yo nunca he ganado la lotería. Pero estoy bien económicamente. Puedo comer galletas y beber hasta un trago de mi odiada coca-cola. Si llego hasta el 2015 quizá para entonces ingrese en la Academia de la Lengua. Pero seguramente no me encontraré entonces con los académicos de ahora, algunos buenos amigos míos. Me hubiera gustado mucho conocer a Barbieri, ordenador de las bellísimas canciones musicales que tanto influyeron en mi primera poesía. Todavía me gusta mucho hacer canciones, letras para ser musicadas. Tengo que reconocer que en esto he tenido también mucha suerte, ya que pocas veces me han destrozado un poema al cantarlo. En ocasiones, incluso me lo han embellecido. ¿Verdad, Soledad Bravo?

Quisiera verte para entonces, que vivieras el mismo tiempo que yo. No creo que sea difícil. En verdad que estoy triste. Escúchame ahora:

Se volaron las tan jóvenes piernas de Altair, levantando
su dulce golondrina azul mojada
de palabras transidas de susurros
que estaban en lo hondo, impulsadoras
de un alto vuelo sin destino,
ahora en este instante,
que derrumbadamente escucho
con voz que no es la suya, no brotada
de la garganta de su golondrina
sino de aquella otra
con lengua y dientes repetidos
hasta matarme al fin y desaparecerme.

La otra noche, en la Embajada soviética, durante la fiesta de celebración de la Revolución de Octubre, con la primera persona que me encontré fue Julio Anguita, al que di un gran abrazo por la sorprendente victoria de Izquierda Unida, que él con tanta finura y serenidad ha logrado convertir en una renovada fuerza política. Esto me animó de pronto a improvisar autógrafos de mis poemas. Comencé eligiendo algunos de mi *Marinero en tierra*. El primero que tomé fue el último de este libro mío: «Si mi voz muriera en tierra». Lo hice con mi caligrafía más barroca, combando en escalera los versos y llenando de negro la letra O. El segundo autógrafo lo combiné con un dibujo, un velero de ancho velamen negro con tirantes cordajes y quilla decorada con letras que se descomponían en peces sobre olas lineales expandidas. Luego, la canción «Si Garcilaso volviera», pasando al «Ángel de los números» y la «Balada del que nunca fue a Granada», con una caligrafía de letras inventadas que no llegaban a componer palabras.

Para mí no existe mayor ensimismamiento que la caligrafía y salir a la orilla de los ríos a buscar collejas o esas fugaces espigas llamadas pedos de zorra.

Parece que por fin va a entrar el otoño. Ya era hora. Más valiera que este año no entrase ya, que no lo hubiera y que llegase el invierno, un invierno veloz y luego una primavera estremecida de nevadas tardes que harían del mes de mayo una verde sorpresa blanqueada.

Durante la Guerra Civil, en Madrid, casi todos los inviernos y los comienzos de la primavera, las temperaturas llegaban con frecuencia a los ocho grados bajo cero. Para calentarnos, en la Alianza de Intelectuales quemábamos incluso libros ya considerados inservibles, palos de algunas sillas y periódicos viejos. Siempre teníamos frío y no había calefacción ni en los teatros ni en los cafés ni en los cines. La guerra es, de pronto, el frío constante de tres largos inviernos.

Está cantando Victoria de los Ángeles un aria de Schubert. La recuerdo cuando yo vivía en Roma, una tarde gloriosa durante un concierto, en una sala cerca de la Piazza di Spagna. Victoria de los Ángeles, desde entonces no he vuelto a encontrarme contigo.

De repente pienso en Dios. Cuando creó el mundo, ya le escribí un poema, se sobresaltó y dijo: «He olvidado una cosa: los ojos y la mano de Picasso». Y así fue, con un resultado sorprendente. Primero Picasso comenzó pintando con dos manos, luego con cuatro, luego con diez, con veinte, con cuarenta, con cien, con quinientas, con mil, hasta llegar a tapar de colores todas las superficies. Manos de Picasso por todas partes, por sobre papeles, sobre cerámicas, sobre hojalatas, hierros, sobre todas las cosas. Y así llenó el mundo con sus manos. Después que murió, las manos crecieron, las obras se multiplicaron, volaron, y comenzó a aumentar su precio, alcanzando los más desorbitados, centenares de millones de dólares. Y todos los pintores, hasta los de menos valor, alzaron el precio de sus obras, viéndose entonces trazos anodinos tendidos en un marco y tantas manchas y signos arbitrarios convertidos en objetos de lujo.

Mientras, las hermosas águilas reales, las pocas que quedan todavía, siguen muriendo electrocutadas en los cables eléctricos de alta tensión. No sé si me gustaría morir electrocutado. Quizá no. Porque a lo mejor no se acaba uno tan instantáneamente. O acaso se contemple uno el cuerpo echando chispas o sin ninguna manifestación, silenciosamente, sin ningún gesto, sin ningún cambio de color. No sé.

Ahora me llaman, como a cada momento, para una entrevista. Me aburren casi todas las entrevistas. Estoy cansado de ser yo. Me preguntarán si fui de verdad amigo de García Lorca o qué recuerdos tengo de 1927.

Si me dieras la mano, sin yo verla, quizá sería la verdadera mano que yo llegaría a ver. Si me dieras un beso sin yo sentirlo, quizá sería el único beso que sintieran mis labios. Si tu cuerpo cayera sobre mí, quizá sería el único cuerpo que yo sentiría sobre el mío. Ven, ven, ven, por tres veces. Sé que vendrás.

Acabo de escuchar por la radio que Dolores Ibárruri, *Pasionaria,* ha tenido que ingresar de nuevo a la clínica en la que hace pocos días se encontraba. Sé que no ha de morir. Nunca. No puede llegar ese día. La conocí una tarde de noviembre del año 1932 en una biblioteca proletaria de la calle Toledo donde yo iba a leer mis canciones. De allí salimos amigos y camaradas para siempre. Hoy quiero recordarla en uno de tantos poemas que le dediqué con el mismo entusiasmo que compartimos en el aire pleno de aquel día:

Una Pasionaria para Dolores

¿Quién no la mira? Es de la entraña
del pueblo cántabro y minera.
Tan hermosa como si uniera
tierra y cielo de toda España.

¿Quién no la escucha? De los llanos
sube su voz hasta las cumbres,
y son los hombres más hermanos
y más altas las muchedumbres.

¿Quién no la sigue? Nunca al viento
dio una bandera más pasión
ni ardió más grande un corazón
al par de un mismo pensamiento.

¿Quién no la quiere? No es la hermana,
la novia ni la compañera.
Es algo más: la clase obrera,
madre del sol de la mañana.

Por fin llueve. Está lloviendo. Hacía mucha falta. A mares. Está lloviendo a mares desde hace dos días. ¡Qué bien! Estoy muy harto del verano. En donde más me gusta el verano es en Cádiz. En El Puerto de Santa María. Pero, si es posible con levante. No me molesta, no me desespera nada. Me gusta seguirlo. Me subyuga. Me entretiene mirarlo, verlo llegar a las azoteas, establecer un gran combate con las ropas tendidas. Nada como ver unos abarrotados calzoncillos en lidia con un inflado camisón de señora. Me exalta verlo doblarse sobre las olas, arrastrándolas más allá de las orillas, saltando sobre el límite mural de los paseos.

Hoy llueve, el cielo se ha encogido, y me parece que por bastante tiempo. Tengo un amigo que no puede soportar el tiempo seco y corre con su automóvil al sitio donde se entera que llueve para mojarse por unas horas. Yo haría lo mismo si dispusiese de libertad para hacerlo. Pero hoy llueve y no han venido ni las palomas ni los gorriones a la baranda de mi balcón. Quizá sea este mal tiempo el bueno para pensar en algo que casi nunca pienso: en Dios. Cuando lo hago veo alzarse frente a mí una gran D mayúscula, una gran panza que lo ocupa todo, cubriendo el resto de la palabra. Comprendo que Dios no tiene gracia cuando, en la Biblia, se presenta en medio de una batalla, tomando partido, ni cuando sabe, desde antes de nacer, quién es el que está condenado a ir a los infiernos. ¡Oh Dios, oh Dios! Está lloviendo y hace mucho frío. ¡Qué más quisiera yo que siguiese lloviendo todo un mes y se le mojaran a Dios los rayos celestiales! No sé si se le doblarían hasta el suelo y los pirotécnicos alicantinos los recogerían para emplearlos en sus fuegos artificiales... Pero respeto al Dios por el que clama Jesucristo en la cruz, diciendo: «¡Dios mío, Dios mío, ¿por qué me has abandonado?!». Quizá diga yo ahora todo esto porque me encuentro bastante aburrido y sigo teniendo que usar bastón aún después de mi atropello. Y eso que es un bastón bastante bueno, mejor que el primero que tuve que comprar apresuradamente en El Puerto. No es uno de esos suntuosos y escogidos bastones de Antonio Gala. De todas maneras no es ningún mal bastón. Lo que pasa es que me aburro y no me levanto las veces necesarias para mantener ágiles las piernas. Pero salgo de todos modos y lo empleo con bastante pericia, y hay días que me ayuda a caminar como yo me merezco. Le he escrito ya algunos poemas, y llegará a formar parte de mis elegías.

Sigue lloviendo, lo escucho tras los cristales del salón donde trabajo. Propicia la lluvia para avivar la inspiración, o al menos la ocurrencia en medio del aburrimiento. Me he acordado de María Teresa, de cuando va a cumplirse un año de su muerte y de que el *ABC* me concedió el Premio Mariano de Cavia, dándome una fiesta por la noche del mismo día que enterraron a Dolores Ibárruri,

Pasionaria. Extraña coincidencia. Y tuve que asistir por la tarde a su entierro, en el que le recité un poema, y por la noche a festejar el premio concedido por el artículo que escribiera un año antes dedicado a María Teresa cuando la despedimos, en el cementerio de Majadahonda. Así son las extrañas y dolientes coincidencias.

Y ahora llueve, llueve y tengo aterido el pensamiento, pero lo prefiero, y hay cierto escalofrío que me lo anima, ya que me hace recordar que a Gustavo Adolfo Bécquer le gustaría el invierno, las hojas secas llevadas por el viento y pensar en las nieblas de los ciclos escandinavos. Esta noche no concederá el cielo el brillo a Altair, ni que se abra su golondrina en el descenso de la constelación Águila. Pero al menos la lluvia me hace pensar y ver todo lo que no veo.

Noche de mirar y no mirar la televisión, en la que una impensada película está llena de lluvia que escalofría la noche ya descendida en que vela la lluvia y sólo deja oír la cada vez más avanzada oscuridad.

¿Cómo amanecerá mañana? Ojalá que no cambie el tiempo y siga lo mismo que hoy. Tendré más ágil la ocurrencia. Espero que Dios se me presentará de nuevo y quizá pueda hablar de él con más tolerancia.

Seguirá lloviendo toda la noche. Y yo lo escucharé, pues duermo poco y me paso escuchando la radio casi todo el tiempo. («¿Estás casada? ¿Abrazas en este momento a tu marido? Pues dime qué te pasa. ¡Quién sabe si a lo mejor me besarías! ¿No? ¿Por qué te callas? No quieres contestarme. Bueno. Adiós. Siempre te beso.») Sigue poco después la voz del que le toca hacer de enamorado en la radio: «Gracias por haberme llamado, ¿qué? ¿Que te gusto mucho? Eso conmueve. ¿Que te has separado hace pocos días? ¿Te gustaría decírmelo al oído? En cuanto acabe la emisión me tienes en tu casa. ¿Me recibirás? ¿No? ¿Y entonces de todos modos me tendrás este amanecer contigo? ¿Que no? Vamos, anda».

La lluvia ha continuado todo el día:

¡Qué maravilla! ¡Qué portento! No te alejes de mí,
que yo no deje en mucho tiempo
de oírte, de escucharte.
¡Me eres benéfica!
Igual que si yo fuese un surco de la tierra
en donde el sol me hubiera calcinado.
Te siento dulcemente regarte junto a mí
y en mis espaldas
brotar al sol el fruto deseado,
con las hojas erguidas recogiendo la luz alzada al cielo.

Me fui esta vez de Granada, una Granada todavía navideña, con llovizna y guirnaldas eléctricas en los árboles y fachadas de los edificios. Granada, con detenidas visitas a la Alhambra, a los jardines del Generalife, en donde Navaggiero, embajador de Venecia, sostuvo con el poeta Boscán, gran amigo de Garcilaso, el diálogo sobre la conveniencia de trasladar al español la métrica de arte mayor italiana. Granada, sintiendo en mi memoria aquellos versos del poeta de Toledo:

Corrientes aguas, puras, cristalinas;
árboles que os estáis mirando en ellas,
verde prado de fresca sombra lleno,
aves que aquí sembráis vuestras querellas,
hiedra que por los árboles caminas,
torciendo el paso por tu verde seno.

Recorrí la ciudad y no dejé de hacer todo el calvario de García Lorca, visitando la Fuente de Viznar, el oscuro barranco de la ejecución del poeta, donde parece latir el estribillo del poema acusador de Antonio Machado:

...Que fue en Granada el crimen
sabed, –¡pobre Granada!– en su Granada...

que escuchaba durante estos días junto a la grave y melancólica voz de Paco Ibáñez en mi «Balada del que nunca fue a Granada». Visité también Fuente Vaqueros y la Huerta de San Vicente, la casa de verano del poeta, donde vi el cuadro *La aparición de la Virgen de los Milagros al rey Alfonso el Sabio,* una pequeña obra que regalé a Federico y que me encargó el día que lo conocí en la Residencia de Estudiantes.

Me fui con María Asunción de Granada para recorrer con ella la maravillosa sierra de Cazorla y poder escribir la letrilla de «La Divina Pastora de Cazorla», que era un proyecto de Federico que no llegó a terminar. Al marcharme de Granada para continuar el viaje, lamenté que él no pudiera acompañarnos para poder escribir juntos la letrilla. Al cabo de tantos años no puedo entender que Federico no esté. Sigo creyendo que me lo encontraré un día, de sorpresa, en cualquier esquina. ¿Verdad, primo?

No tuviste tu muerte, la que a ti te tocaba.
Malamente, a sabiendas, equivocó el camino.
¿Adónde vas? Gritando, por más que aligeraba,
no paré tu destino.

¡Que mi muerte madruga! ¡Levanta! Por las calles,
los terrados y torres tiembla un presentimiento.
A toda costa el río llama a los arrabales,
advierte a toda costa la oscuridad al viento.

Yo, por las islas, preso, sin saber que tu muerte
te olvidaba, dejando mano libre a la mía.
¡Dolor de haberte visto, dolor, dolor de verte
como yo hubiera estado, si me correspondía!

Debiste de haber muerto sin llevarte a tu gloria
ese horror en los ojos de último fogonazo
ante la propia sangre que dobló tu memoria,
toda flor y clarísimo corazón sin balazo.

Mas si mi muerte ha muerto, quedándome la tuya,
si acaso le esperaba más bella y larga vida,
haré por merecerla, hasta que restituya
a la tierra esa lumbre de cosecha cumplida.

Llegamos a la sierra de Cazorla casi de noche, tratando de alcanzar la altísima cumbre del parador, que parece más bien el vértice de una gran isla dominadora en un mar invisible. Desde allí comenzó para los cristianos la reconquista de Jaén. Yo iba soñando con descubrir entre aquellas maravillosas hondonadas de pinos los primeros alientos del río Guadalquivir. Al descender en una mañana neblinosa, después de atravesar unos bellísimos rebaños blancos de cabras salvajes, sentía allá en lo hondo un jadeado brillo de agua, que eran los primeros destellos del Guadalquivir tratando de desprenderse de su cuna de ramas para avanzar algo entre los troncos y matojos de la serranía. Desde que lo descubrí ya puse mi ilusión en irlo reencontrando en su interrumpida carrera. De pronto apareció un inmenso torrente que, derrumbándose de todo lo alto, se desplomó sobre él. La mañana seguía neblinosa, velando todo el paisaje, y yo recordaba la baladilla de los tres ríos de Lorca:

El río Guadalquivir
va entre naranjos y olivos.
Los dos ríos de Granada
bajan de la nieve al trigo.

Y así veíamos bifurcarse los dos brazos del Guadalquivir -el Genil y el Darro- camino de Granada, y pude pensar ya en el gran río de Góngora atravesando Córdoba, soportando los grandes puentes romanos camino de Sevilla, y en el reflejo de la Torre del Oro y la Giralda, y en los barcos de América cargados de metales preciosos, y en los cantes andaluces alzándose sobre las dos orillas, envueltos en aires lorquianos:

¡Ay, río de Sevilla,
qué bien pareces
lleno de velas blancas
y ramos verdes!
Ya llegan de Sevilla
rompiendo el agua
a la Torre del Oro
barcos de plata.

Poco después de llegar a Madrid escucho la tristísima noticia de la muerte del gran poeta Jaime Gil de Biedma. Una sola vez, hace algunos años, en un café de Barcelona, coincidí con él. Había tenido la amabilidad de dedicarme un magnífico poema -«El juego de hacer versos»- en su libro *Moralidades,* y yo apreciaba verdaderamente su trabajo, tanto la poesía, recogida en *Las personas del verbo,* como el *Diario de un artista seriamente enfermo,* o su interesante estudio sobre Jorge Guillén. Por esto, y porque sé la enorme influencia que ha tenido en las últimas generaciones de poetas, lo propuse en dos ocasiones para el Premio Cervantes. Su desaparición, como la de su amigo mi recordado Carlos Barral, hace apenas unas semanas, me ha conmovido profundamente. Es un golpe prematuro y terrible para la literatura española de hoy:

Carlos, Carlos Barral,
amigo muy lejano, pero amigo.
Quiero oírte en el mar,
en medio de las olas que a veces ni mirabas.
Yo me hundo en el mar,
y me hundo, me hundo
y de todas maneras siempre encuentro tu nombre.
Carlos, Carlos Barral,
aunque lejano, siempre espero hallarte
y estrecharte la mano
perdida entre las olas.

Se clausuró en la bellísima ciudad de Torino el congreso conmemorativo de los 50 años de la muerte de Antonio Machado con un banquete, ofrecido por la alcaldesa de la ciudad, en el maravilloso Palazzo Barolo. No muy lejos de mí sonreían, anchas y hermosas, las tres sobrinas de Machado, principales huéspedes del congreso. Cuando di las gracias a la alcaldesa por las cordialísimas palabras que me dedicó, le recordé que el grande de don Antonio jamás había comido así, como nosotros lo hacíamos en su honor conmemorando los años de su muerte. Santo don Antonio, ahora con el gran parador en Soria que lleva su nombre, con un retrato suyo monumental en la puerta, su nombre en grande también por algunos cafés y establecimientos de Madrid. Pero don Antonio no puede permanecer triste, hoy sobre todo, que en Florencia se halla el alma de su desvelado admirador Oreste Macrí, que no duerme pensando en que puede faltar un acento a su verso o una palabra a su filosófico pensamiento.

Temprano iba yo a las sesiones del congreso en la Universidad, saliendo del Gran Hotel Torino, en la bellísima plaza de la estación de ferrocarril. Durante esos días recordé que de pronto, una tarde llamaron a la puerta de mi casa. Era Marcos Ana, el preso más años preso de toda Europa. Veintitrés años en la cárcel desde que acabó la guerra de España. Siempre condenado a muerte, esperando todas las noches su ejecución. Es el autor de unos poemas, entre los cuales «Toda la vida es patio» me conmueve especialmente. Marcos Ana me hablaba de lo maravilloso de la ciudad de Torino, de los días en que venía desde Francia para pasear recreándose en ella. Ciudad con plazas grandísimas, abrigadas de armoniosos soportales, abiertas perspectivas, la ciudad más europea de toda Italia, atravesada en línea recta por el Po, claro y ancho, ciudad preciosa para celebrar el gran congreso machadiano.

A las nueve en punto de la mañana del 18 de febrero abrió el rector de la Universidad el encuentro, concediendo la medalla de plata de esta institución a los escritores españoles Ramón de Garciasol, José Hierro, Leopoldo de Luis, a la poetisa argentina Olga Orozco, al cubano Cintio Vitier y a mí.

Entre la infinidad de intervenciones, siempre destacaban las de Oreste Macrí, que jamás dudaba de las sílabas de todos los versos de don Antonio, distinguiendo muy bien los de nueve de los de ocho. Maravilloso Macrí, exegeta impar de nuestro gran poeta.

Los congresos ofrecen, entre otras cosas, la posibilidad de reencontrar el pulso de las ciudades y las bellas amigas que alegran las largas sesiones. Recuerdo Varsovia, Moscú, Budapest, Praga... El de Torino era un congreso dedicado a un poeta fundamentalmente desgraciado. Yo lo admiraba muchísimo. Su voto para *Marinero en tierra* fue el que más me emocionó cuando logré el Premio Nacional en el año 1924. Y lo vi luego, no demasiadas veces, siempre más bien triste. Pero nunca tanto como en sus *Cartas a Guiomar*, la amada diosa de su correspondencia publicada por la reaccionaria Concha Espina, que lo presenta en cierto momento como un republicano tibio y dudoso. ¡Ay, pobre don Antonio, feliz de haber encontrado un maravilloso arcángel como Oreste Macrí, que se muere por él alabándole en todo momento y queriéndole poner al lado de los más grandes filósofos! Yo, de cuando en cuando, me acordaba de Juan Ramón Jiménez, el otro gran maestro de nuestra generación, cuyo comportamiento durante la guerra franquista, a su manera, fue también ejemplar. No quiso volver a España y escribió textos sorprendentes durante la contienda, como *Guerra en España*.

Qué cosa horrible es tener que arrastrar para siempre este pasado de sombras y desesperación. Comenzaba a renacer en nuestro grupo de jóvenes poetas un nuevo amor y admiración por Juan Ramón Jiménez, y sobre todo desde su gran poema «Espacio», el más extraordinario de los suyos. Él no quería volver a España ni como muerto. Se hallaba muy bien enterrado en un cementerio marino de San Juan de Puerto Rico, sobre cuya tapia estallaban las olas. Pero apareció de pronto alguien de su familia y se lo arrebató para trasladarlo a Moguer, su pueblo natal, junto a una triste casa empapelada con toda su obra. Qué pálida visión del inmenso poeta, lejos del fulgurante mar de Puerto Rico.

El congreso sobre Antonio Machado terminó en Torino en el momento en que el gran Oreste Macrí pronunció su última palabra y partió para su Universidad de Florencia.

Otra luz estallaba en la poesía de Juan Ramón, *Jardines lejanos, Baladas de primavera, Arias tristes,* maestro tan admirado por Antonio Machado que le dedicó el hermosísimo poema «Mariposa de la sierra» por su libro *Platero y yo:*

> *Para que tú nacieras,*
> *a la tormenta de la piedra, un día,*
> *mandó callar un hada,*
> *y encadenó los montes*
> *para que tú volaras.*

Los dos, Juan Ramón y Antonio, siguen siendo para mí los más grandes poetas españoles de nuestro siglo.

Ya llegaron las cigüeñas a Estrasburgo

Comienza un poema del inspirado poeta mexicano Amado Nervo, escrito poco antes del año en que yo nací.

En cuanto lo conocí le pregunté a André, nuestro atento y enteradísimo chófer, que si era verdad lo que decía el poema. «Sí, es verdad –me respondió–. Las cigüeñas siguen llegando a Estrasburgo pero ahora no se posan sobre las torres del, a veces, ruidoso cielo de la ciudad, sino que lo hacen en las afueras, en campanarios y torres más lejanos.»

Yo había llegado invitado al Parlamento Europeo por el grupo de Izquierda Unida Europea, que me tenía preparados varios actos, en compañía de María Asunción y Marcos Ana. Quien salió a recibirnos, junto a Manuel Fernández, y acompañó constantemente fue Antoni Gutiérrez, *el Guti,* mi viejo y querido amigo, líder del PSUC, quien me condujo en todo momento, llevándome a todos los actos en que intervine y acompañándome a todas las visitas de las autoridades que me recibieron.

El edificio del Parlamento era complicado, laberíntico. Las celdas o despachos de los miles que componen esta populosa organización nunca coinciden con los ascensores, así que al llegar a un piso hay que coger otro ascensor, y luego, a veces, uno o dos más para llegar al puesto deseado. Uno de los laterales del edificio coincide con un inmenso canal lleno de hermosísimos cisnes, que a veces alzan vuelo para cambiar de lugar. Es la parte más bella de todo el Parlamento, y a ella corresponde la celda de Antoni Gutiérrez.

Estrasburgo es una hermosísima ciudad del Rin, en el corazón de Europa, con una inmensa catedral, verdadera y escueta llamarada de piedra enrojecida, sorprendente aparición luminosa que se clava en el cielo. Nuestro chófer, enamorado de ella, nos recomienda que cerremos los ojos y no los abramos hasta que él nos diga. Verdaderamente, cuando los abrimos la vista se nos arrebató hacia lo alto, quedándosenos prendida en las dos inmensas agujas del cielo. Los canales se multiplicaban. Estrasburgo, ciudad abierta siempre, es un desafío constante hacia el porvenir.

Un apretado programa me esperaba. Dimos un extraordinario paseo por la ciudad y después fuimos a saludar a Roberto Barzanti, presidente de la Comisión de Cultura y a otros miembros de la misma. Al día siguiente, con el presidente del Parlamento Europeo, Enrique Barón, con hispanistas, estudiantes y círculos culturales, y en cooperación con el director del Consejo de Europa, José Vidal-Beneyto, se organizó un recital de mis poesías, con el que obtuve (modestia aparte) un inmenso éxito. Incitado por algunos oyentes, que los conocían, llegué a recitar algunos de mis sonetos romanos, incluyendo «el de las meadas», terminando con el «Guirigay de la pájara pinta». Me alegré mucho de mi éxito, de su gran resonancia. A la salida, en una zona cercana al vestíbulo se había organizado una exposición fotográfica muy interesante sobre Dalí. Pero mi sorpresa mayor fue tropezarme casi de bruces con el mismísimo Salvador Dalí en tamaño natural. Reproducción fantástica en cartón ante la que tardé en reaccionar, tal era su enorme realismo.

El eco que dejé en el auditorio me llevó a otro recital y firma de libros en la librería Kléber. Agoté todos los que había. Tuve que dibujar mi pequeña paloma en todas las dedicatorias. Algo me cansé, pues los niños que había fueron insaciables.

Al día siguiente, siempre con nuestro culto e incansable chófer, partimos para la ciudad de Colmar, visitando innumerables pueblos y ciudades de los Vosgos. Queríamos ver el alucinante retablo del tremendista pintor Grünewald, que alguna influencia tuvo en ciertas visiones de mis poemas de *Sobre los ángeles.* Pero nuestra rabia y sorpresa fueron grandes: el museo-iglesia de Unterlinden estaba cerrado. Hubo que hacer una gestión con la dirección de turismo para que nos abriesen. Y vimos, sí, casi en una gran oscuridad, el terrible retablo de Grünewald, superior a lo que yo podía recordar de aquel momento de mis visiones angélicas. Volví triste y desesperado, pensando en que ya no encontraría otro momento mejor que aquel para contemplar el terrible retablo.

Se iba acercando el día de nuestra partida. Volvimos a Estrasburgo, veloces, por una autopista. Nuestro extraño hotel, que surgía de improviso en una encrucijada, el hotel Sofitel, nos esperaba para que preparásemos nuestro equipaje, pues a la mañana siguiente debíamos partir para España, después de despedirnos de la señora alcaldesa, que era muy bella... Se llama Catherine Trautman.

Pero la despedida más solemne y cordial fue para el presidente del Parlamento Europeo y su esposa. Yo le llevaba el dibujo de una paloma en azul y rojo, de gran tamaño, suspendida de su pico esta estrofa:

La Paz, que es lucha encendida,
vuelo para una paloma,
cielo y tierra sin herida.

Mientras me encontraba en espera del avión que nos transportaba a España, volví a recordar los versos del poeta mexicano:

Ya llegaron las cigüeñas a Estrasburgo,
en los ariscos torreones buscan nido,
abatiéndose en bandadas...

Ha llegado la primavera. Sí. Cuántas veces lo habré repetido. Sí, ha llegado. Voy corriendo en un automóvil por la carretera de Zaragoza, una de las grandes ciudades españolas bajo el manto de una pequeña Virgen que no me gusta tanto como la patrona de El Puerto de Santa María, la Virgen de los Milagros. Vengo de escuchar al gran actor José Luis Pellicena su monólogo de *Entre las ramas de la arboleda perdida,* es decir, de escucharme a mí mismo, de aplaudirme a la vez que lo hace el público.

Estoy contento. Acaba de llegar la primavera. Ahora mismo. Hace apenas cuatro días.

Me encuentro en cualquier parte de la carretera, descendiendo del coche, para coger algunas florecillas blancas. Cuando me agacho para hacerlo, se levanta del prado verde una fina guirnalda de mariposas. ¡Qué maravilla! La primavera la sangre altera, cambia la vista, cambia las cosas. Los troncos negros se visten de luces, la nieve se derrite, mostrando la colorida espalda de la tierra.

Yo tengo ya ochenta y siete primaveras, y hasta las que cumplí durante la guerra española están llenas de verde, entre los disparos y vuelos de pájaros enloquecidos. No puedo olvidar la aparición de la primavera en todas las tierras en que he vivido: en Buenos Aires, en Córdoba argentina, en Montevideo, en Punta del Este, en Rumania, en Bulgaria, en China, en la Unión Soviética... En Segovia, Antonio Machado dijo ante la sorpresa de su llegada:

La primavera ha venido
del brazo de un capitán.
Niñas, cantad en corro:
¡viva Fermín Galán!

Nunca olvido multitud de versos en que la primavera florida brota en el lugar que le corresponde. Así, Garcilaso de la Vega:

Coged de vuestra alegre primavera
el fruto alado...

Así, Rubén Darío:

Sino cuando en la dulce primavera
era la hora de la melodía.

Así, Juan Ramón Jiménez:

Dios está azul. La flauta y el tambor
anuncian ya la cruz de primavera...

Pero yo he visto con frecuencia la primavera nevada. Cuando llegué por vez primera a Madrid, el día 15 de mayo de 1917, la gente patinaba sobre el estanque helado del Retiro. ¡Oh, qué bello ver la primavera con su verde brazo prendida a la cintura del tiempo, con su espesor y color de la nieve!

Ha llegado la primavera... Pero de pronto con retrocesos imprevistos: un brazo helado y otro caliente, un pie desnudo fuera de la cama que el frío te lo quiere cortar, a la vez que el otro duerme templado bajo el edredón:

La primavera ha venido,
nadie sabe cómo ha sido.

* * *

Tejidos sois de primavera, amantes...

La primavera llega al mar, pero de modo diferente. Allá cuando yo era alumno de los jesuitas, la primavera nos sorprendía revolcándonos desnudos sobre las arenas calientes, entre las ramas de los ligustros protectores, empapados de arena nuestros desnudos, llevándolos ante la orilla del mar y penetrando en él. Era la primavera de entonces... La de ahora me ha llegado por la carretera de Zaragoza. De paso he saludado a la ciudad romana de Medinaceli, en donde se dice que murió el gran Almanzor de los árabes, gran rival del Cid Campeador, caudillo de los cristianos españoles. Pero la primavera más fría, ventosa y removida me ha tocado en Alicante, adonde acudí para rendir un fervoroso homenaje a Miguel Hernández, recitando sus versos, en el 48 aniversario de su muerte.

Nada más trágico, doloroso, que repetir los poemas del emocionante y gran poeta alicantino:

Gozar y no morirse de contento
sufrir, y no vencerse en el sollozo:
¡oh qué ejemplar severidad del gozo
y qué serenidad del sufrimiento!

Ya se sabe que él, junto a Federico García Lorca y Antonio Machado, es el tercer gran poeta español sacrificado en nuestra guerra, muerto, dos años después de terminada, en una cárcel de Alicante.

Insisto en recordar que ya exiliado yo en Francia hice todo lo posible, junto a María Teresa, y Pablo Neruda, por salvar su vida, pero fue más fuerte el odio, y Miguel murió lentamente asesinado.

En 1936, el poeta malagueño Manuel Altolaguirre fue quien publicó su primer gran libro, *El rayo que no cesa*, saludado Miguel por Juan Ramón Jiménez como «el sorprendente muchacho de Orihuela». Verdadero rayo deslumbrador, de poeta nativo, sabio, un rayo milagroso, pues lo pensaba uno del revés, surtiendo de la piedra hacia lo alto, escapando lumínico de aquel ser tan terreno, desmanotado y en apariencia hosco:

Como el toro he nacido para el luto
y el dolor, como el toro estoy marcado
por un hierro infernal en el costado
y por varón en la ingle con un fruto.

Dediqué el recital a su admirable y heroica mujer, Josefina Manresa, a quien Miguel amó tanto.

Después de la lectura de otros extraordinarios sonetos llegué a la maravillosa elegía dedicada a su amigo Ramón Sijé, que yo considero, junto a la de Jorge Manrique a la muerte de su padre, el maestro de Santiago, y al llanto por la muerte de Sánchez Mejías, la tercera y gran elegía de toda la lengua española:

Temprano levantó la muerte el vuelo,
temprano madrugó la madrugada,
temprano estás rodando por el suelo.

A las aladas almas de las rosas
del almendro de nata te requiero,
que tenemos que hablar de muchas cosas,
compañero del alma, compañero.

Y ya después, Miguel, arribado el 18 de julio del año 1936 como rayo que lo descuajara levantándolo, cegándolo hasta abrirle los ojos, fue para él ese día de provocación y respuesta, embestida de lo más luminoso. En esa embestida, Miguel se vio más que nunca las raíces, se comprendió como jamás de tierra, arrebatándose de aquel viento candente que sacudiera de parte a parte nuestro pueblo. Y la diaria pana aldeanota de sus pantalones la cambió de súbito por el valiente mono azul del miliciano voluntario, descubriéndose su propia entraña nativa, verdadera, arrancándose al fin con su *Viento del pueblo* un aplastante alud de cosas épicas y líricas, versos a encontronazos y empujones, de dentelladas y gritos suplicantes, rabia, llanto, ternura, delicadeza... Luego, Miguel, sangrando por trincheras y hospitales, va llegando hasta el fin entre gritos desesperados de amor, clamando en llanto por su hijo que nacerá mientras él, vomitando sangre y pus en la cárcel de Alicante, muere en una primavera de 1942, a sus treinta y dos años casi recién cumplidos.

Cuando me despedí dando las gracias al presidente de la Asociación de Estudios Miguel Hernández, nuestro gran amigo J. Antonio Ramírez, el cielo aún se venía abajo en agua y las palmeras cabeceaban sacudidas abiertamente por el viento...

La primavera había llegado.

Llegué a Jerez el Viernes Santo por la tarde. Me esperaban mis más queridos amigos de El Puerto de Santa María. Ansiaba llegar pronto a El Puerto para ver desfilar los pasos religiosos desde algún balcón estratégico. Yo no recordaba ninguna Semana Santa portuense. Un estupendo lugar nos lo ofreció enseguida algún conocido. Al cabo de esperar cierto tiempo, surgió al fin, encapuchada de negro, la cofradía que acompañaba al Santo Entierro, una urna con un Jesús ya difunto, con los desnudos brazos en cruz, que parecían descoyuntados, y con una infinita y pálida tristeza. Luego, entre el seco redoble de los tambores y el toque de los clarines, surgió la talla angustiada y maravillosa de Nuestra Señora de la Soledad, la más antigua de El Puerto, llegada de Madrid a mitad del siglo XVII, obra, creo, de un discípulo del gran escultor Juan Montañés. Un escalofrío nos recorrió al ver doblar aquella deslumbrante y afligida imagen por la calle de la Luna, igual que una bellísima muchacha llevada por el ritmo cadencioso de los costaleros, camino de su iglesia.

Al día siguiente recibí el catálogo de la exposición de un olvidado amigo de allá por el inicio de mi poesía, Javier de Winthuysen, maravilloso pintor y jardinero sevillano, amigo también de Juan Ramón Jiménez, que lo estimaba mucho y que me lo dio a conocer. Una tarde, en la azotea de Juan Ramón, que estaba volcada a los azules del Guadarrama, se presentó, misterioso y dulce, como rodeado de sus jardines desvanecidos. Era una persona admirable, de una rara belleza muy atrayente, como instalada en la hermosa lejanía de su familia flamenca. En mi libro *Marinero en tierra* le escribí un poema, lleno de admiración y cariño, y cuya dedicatoria, no sé por qué, no figura a partir de la segunda edición: *A Javier de Winthuysen, oso jardinero*:

Vete al jardín de los mares
y plántate un madroñero
bajo los yelos polares.

Jardinero.

Para mi amiga, una isla
de cerezos estelares,
murada de cocoteros.

Jardinero.

Y en mi corazón guerrero
plántame cuatro palmeras
a modo de masteleros.

Jardinero.

Winthuysen introdujo el aire andaluz en los patios y en los jardines, hizo que se respirase en las plazas y en los parques más lejanos el viento y el aroma de Andalucía.

Con el recuerdo del extraño y suave jardinero llegué a Francia, a Burdeos, clara y primorosa ciudad en la que ya muy envejecido se instaló don Francisco de Goya para grabar y pintar algunas de sus maravillosas obras últimas. Pasó la frontera solo, tocado con una gorra, en una diligencia que venía desde Madrid, en junio de 1824. Hoy su casa se ha convertido en un centro de cultura española, bajo el tutelaje de la Embajada de España y la permanente atención de Karina López y el cónsul Agustín Mendívil. Goya pasó en este piso sus últimos años, trabajando febrilmente, dibujando cada imagen que saltaba ante sus ojos. Cuando tuve noticias de que el edificio en donde estaba la Casa de Goya no tenía ascensor, mi rostro debió inquietar a mis acompañantes. Pero mi gesto de contrariedad se transformó en esta tranquilizadora frase: «Si Goya con ochenta años subía hasta ese tercer piso, yo también puedo hacerlo».

Yo iba a recibir de la Universidad de Burdeos el título de doctor *honoris causa* y lo celebramos con una hermosa fiesta, plena de estudiantes y amigos. El gran hispanista y estudioso de mi obra, el profesor Robert Marrast, me presentó con un conciso ensayo sobre mi poesía, al que yo contesté diciendo que gracias a él se me concedía aquel honor por el valiosísimo trabajo de investigación que había desarrollado durante tantos años. Además el alcalde, Chaban-Delmas, me concedió la gran medalla de la ciudad. Aunque lo que más me reluce en Burdeos es la presencia de Francisco de Goya, aquel ya anciano retratado por Vicente López, emborrachado de corridas de toros, de brujas y deformes, de los muertos y los héroes del pueblo de Madrid, en las terribles represiones de Fernando VII.

Es impresionante ahora recordar, en el lugar donde murió, que el cadáver de Goya cuando lo trasladaron a Madrid para ser enterrado en una de las ermitas de San Antonio de la Florida, llegó decapitado, víctima, seguramente, de algún principiante estudioso de Anatomía, como si se tratara de alguno de sus «disparates».

La constante presencia de Goya en esta extraordinaria ciudad me hacía repetir en todo momento los versos de un poema que le dediqué en mi libro *A la pintura*, y que recobraba en mí una nueva resonancia al lado de sus últimos paisajes:

De ti me guardo un ojo en el incendio.
A ti te dentelleo la cabeza.
Te hago crujir los húmeros. Te sorbo
el caracol que te hurga en una oreja.
A ti te entierro solamente
en el barro las piernas.
Una pierna.
Otra pierna
Golpea.
¡Huir!
Pero quedarse para ver
para morirse sin morir.

¡Oh luz de enfermería!
Ruedo tuerto de la alegría.
Aspavientos de la agonía.
Cuando todo se cae
y en adefesio España se desvae
y una escoba se aleja.

Me acercaré mañana al Museo del Prado y contemplaré *La lechera de Burdeos,* la dulce muchacha francesa de la juventud siempre renovada en los años finales de don Francisco de Goya y Lucientes.

Rafael dibujando en Segovia. *(Fotografía Marta Borcha).*

Junto a una fotografía de Salvador Dalì en el Parlamento Europeo.

En el acto de imposición de la medalla «José Martí». Con Fidel Castro y María Asunción Mateo (La Habana, 1991).

Con Hortensia Bussi, viuda de Salvador Allende, en el acto de hermanamiento con la Fundación Rafael Alberti.

Con las Madres de Mayo en Buenos Aires, en 1991.

El momento en que fue nombrado por la Diputación gaditana Hijo predilecto de Cádiz y su provincia, en 1996.

Celebrando el 92 aniversario del poeta, 1994.

Con el rey Juan Carlos I en el acto de entrega de la Medalla de Oro de Bellas Artes de San Fernando, 1993.

Retrato del poeta (*Fotografía: Joaquín Hernández «Kiki»*).

Rafael en el jardín de Ora Marítima. *(Fotografía Marta Borcha).*

Muchas cosas le debo en mi vida a don Antonio Machado, pero quizá la más sorprendente y luminosa sea el haber conocido en el pueblo jienense de Baeza, durante un homenaje dedicado a él, a una joven escritora y profesora de literatura, María Asunción Mateo, de la que desde entonces ya no me he separado.

Hace de esto casi once años, y esa aparición imprevista que, al igual que aquella otra

Cuando tú apareciste,
penaba yo en la entraña más profunda
de una cueva sin aire y sin salida

también debía estar escrita, cambió nuevamente el inquieto rumbo de mi vida. Ignoro todavía cómo dentro de mi vertiginoso vivir los encuentros con ella fueron multiplicándose hasta convertirse en imprescindibles, alimentados por sus relampagueantes y acelerados viajes desde Valencia y por ese hilo mágico del teléfono que día y noche nos mantenía unidos.

Todo sucedía en la más secreta complicidad con mi antiguo apartamento de Princesa, desde aquel piso 17 que parecía aislarnos de todo y acercarnos más a esa constelación de la que ella, seguramente procedía. Hasta que un accidente de tráfico obligó al viejo e incansable marinero a anclar durante un tiempo su barca y la desconocida profesora tuvo que afrontar la difícil situación de pasar del cómodo anonimato de las aulas al peligroso comentario de nuestra relación en las páginas de los periódicos. Y comenzaron los problemas con las mujeres que tenía más cercanas, como temía.

Como buen andaluz tengo algo de supersticioso, sobre todo si se rompe un espejo en mi presencia, y, sin embargo, un martes y 13 de julio, antes de que las calles de El Puerto recobrasen del todo su inigualable luz, María Asunción por una puerta y yo por otra nos reunimos ante una jueza que, como suele decirse en estos casos, nos casó «en la más estricta intimidad». Ni fotógrafos ni periodistas. Mi mujer logró con su extremada prudencia que nadie se enterara de la decisión que habíamos tomado de una forma tan rápida como natural.

A los pocos minutos de finalizar la ceremonia y sin saber cómo, la noticia se propagó a través de muchas emisoras de radio, incluso en el *Telediario:* «El poeta Rafael Alberti, de ochenta y siete años, se ha casado esta mañana en El Puerto de Santa María con la profesora valenciana María Asunción Mateo, divorciada y especialista en su obra». Ni qué contar la que se organizó y la de gente que aún no parece haber perdonado nuestro secreto. Los fotógrafos pasaron la noche en el vestíbulo del hotel Puerto Bahía, en donde nos encontrábamos, en busca de una exclusiva, oh sorpresa, millonaria. No se nos ocurrió movernos de la habitación y dejamos incomunicados los teléfonos. Cuando amaneció, todo parecía haberse contagiado de la serenidad que tenía el mar de mi bahía frente a nuestro balcón. La boda del nonagenario poeta, del único «superviviente» de la generación del 27, parecía, afortunadamente, ya no ser noticia.

La celebración nupcial no pudo ser más sencilla. A la salida del juzgado, acompañados de unos amigos, fuimos a desayunar chocolate con churros al bar La Aurora, en la plaza Mayor, en donde se encuentra la Prioral, a la que de niño acudía casi a diario con mi madre para rezar en la capilla de Santo Tomás de Villanueva. Esa misma plaza que yo cruzaba corriendo por las mañanas para ir al colegio de San Luis Gonzaga. Cuántos recuerdos se agolparon de pronto en mí: las dunas calientes y deslumbradoras, mis visitas por las azoteas a Milagritos Sancho, el afectuoso padre Lirola, las onzas de chocolate de Paca Moy... Y como un extraño milagro, en medio de la calle apareció una anciana delgada y menuda a saludarnos, mientras sonriendo me ofrecía una naranja: «Don Rafael, soy la nieta de Paca Moy, la que cuidaba de usted cuando chico...». La emoción fue grande al encontrarme, ya casi al final de mi vida y a punto de comenzar otra totalmente rejuvenecedora, a aquella viejecita idéntica a la bondadosa mujer que me vio nacer, la misma que sacudía de mi cama la arena delatora de mis «rabonas» escolares, la cómplice silenciosa de tantas travesuras infantiles para salvarme de severos castigos...

¿Qué hubiera pensado Paca Moy al ver esa mañana a su Cuco, como entonces me llamaba, con pelo más blanco que el suyo, apoyado en un bastón y del brazo de una atrayente mujer que podría ser mi hija o mi nieta y con la que había acabado de casarme?

El definitivo retorno a mis nunca cortadas raíces, a mi Puerto de Menesteos, a mi río del Olvido, a mis araucarias, a mis melancólicas retamas blancas y amarillas, dejando atrás unos últimos años de desorientada soledad y angustiosa incertidumbre, se lo debo a una casual y misteriosa aparición que mi siempre generoso destino, a pesar de los mayores desastres, me ha ofrecido y que, como un último premio, ha puesto un nuevo y claro resplandor al final de mi camino:

Para algo llegaste, Altair, descendiste
de tu constelación en pleno día.
Nunca bajó una estrella
a enramarse del sol de los olivos,
ni la cal de los pueblos
pasó del blanco puro a ser más blanca
ni el viento de esa noche
a prolongar su canto más allá de la aurora.
Nunca se vio una estrella a pie por los caminos,
ni pararse de pronto, detenerse,
señalando, prendiendo, iluminando
algo que no esperaba.
Para algo Altair descendió desgajándose
de su constelación aquella noche.

Hace algunas mañanas me enviaron de la Residencia de Estudiantes un coche para que asistiera a un encuentro de amigos nacidos más o menos en los primeros años del siglo. Deseaban filmar un documental con un plantel de «actores» que, por separado, rondábamos casi los cien años.

Allí, en los jardines, me encontré con muchos conocidos. Fue para mí una grata sorpresa saludar a Antonio Garrigues Díaz-Cañabate, gran amigo desde 1927, al que tantas veces encontré en Roma como embajador de España, en casa de Amado Blanco –entonces embajador de Cuba–, y donde solía leerme sus poemas. También abracé a la gran novelista Rosa Chacel, reconociendo, desde lejos, al compositor Joaquín Rodrigo. Pero mi mayor alegría fue estar de nuevo junto a José Bello, el grande y divertido Pepín Bello, archivo único de todo lo que pasó durante los más felices días de la Residencia. Estaba todavía convertido en el más destacado representante y creador del «carnuzo» y del «putrefacto», igual que si volviésemos a sus gloriosos y desenfadados años de la Residencia. Pepín

-déjame que te llame así y no José, cómo quieres ahora que me dirija a ti respetuosamente-, no se me ha borrado ningún momento de aquellos días, que me traen una auténtica y feliz palpitación. Nos unimos estrechamente para crear una literatura en la que no existiera imaginación alguna, que todo fuese de tal realismo que no asomase la más mínima sombra de originalidad...

Éste es el perro del hortelano
que tiene la cola atrás y la cara delante.

Aunque a primera vista parezca fácil escribir tales cosas, tuvimos que rechazar muchos intentos, antes de conseguir aquella lograda no invención. Más tarde pretendimos hacer una ópera que rompiese con todos los convencionalismos de este género que, desgraciadamente, no se llegó a representar. Aún recuerdo el comienzo. Decía: «El príncipe está histérico, el príncipe está histérico, ¿qué le darán? En efecto, estoy histérico, en efecto, estoy histérico, ¿qué me darán, qué me darán? El príncipe lo que necesita es viajar, que le traigan un globo para ir a ultramar. ¡Sí, sí, un globo, un globo!», respondía el coro.

A Federico le gustaba mucho nuestra tendencia hacia el cretinismo y nuestra total falta de imaginación. Alguna vez yo lo recordé, cuando por fin fui a Granada, cuarenta y un años después del fusilamiento del poeta. Durante esos días pensaba mucho en aquel tiempo en el que Pepín y yo logramos verdaderos poemas exentos de toda invención, siendo el más famoso el ya citado del perro del hortelano.

Poco después del nuevo encuentro y de la charla sobre nuestra divertida relación literaria, viajé a Granada para dar un recital, nada menos que en el bellísimo patio de los Arrayanes de la Alhambra, cuyo largo y estremecido estanque está rodeado de una bordura, tensa y verde amarillento, de la que recibe su nombre. Una caída de tarde maravillosa, con un cielo lleno de vencejos que volaban a ciegas agitando con sus extrañas vueltas el silencio del recital.

Comencé con el poema que escribí el día que por la puerta de Elvira entré en la ciudad, recibiendo la llave de manos del alcalde. Nunca he sentido el eco de mi voz resonar más armoniosamente que junto al viejo romance de la pérdida de Alhama, mezclada con algunos versos de Ben Zauruk, escritos con luminosa caligrafía árabe en los muros de la Alhambra, y unida a algunos breves poemas de Federico, en cuyas estrofas sobre el Guadalquivir se enlazaban ya sus afluentes, el Genil y el Darro.

El silencioso gran poeta Ángel González se encontraba entre el público que me escuchaba. En varias ocasiones estuve cerca de él durante mi viaje granadino, pero sólo le oí hablar para aclararme que el vencejo no tenía plumas y era como un silencioso ratón volador que daba vueltas en el cielo obsesivamente.

Esta noche, mientras escribo, recuerdo también a otros viejos amigos, tan lejanos ya, de los años argentinos. Poetas como Oliverio Girondo, Enrique Molina, González Lanuza, Ricardo Molinari... y otros, que no tenían nada que ver con la literatura, como Antonio Aresté -cuñado del muy prodigioso arquitecto catalán Antonio Bonet- y su arcangélica y paciente mujer, Beatriz, con los que María Teresa y yo pasamos días inolvidables durante tantos años. Antonio era un ser encantador, divertido, alegre y enamorado de todas las mujeres, especialmente de la suya. Con él formaba yo una singular pareja de baile con la que poníamos broche final a cuantas fiestas asistíamos. Antonio se envolvía en una colcha o en un mantel, mientras yo hacía lo mismo con cualquier prenda del cortinaje, y rematábamos el atuendo subiéndonos a la cabeza un ramo de flores o la primera maceta que encontrábamos. Completaba el aplaudido espectáculo un gaditano, también amigo, Paco Vaca, que nos jaleaba cantando con frenesí *La Zarzamora,* copla que había popularizado en Buenos Aires Miguel de Molina.

Inolvidable Antonio Aresté, ya perdido para siempre, sonriente e inagotable en mi recuerdo, sobre todo cuando nos relataba su cuento preferido: «El dicharachero». Trataba éste de un muchacho que iba a confesarse de lo que él creía un grave pecado: ser un dicharachero. El sacerdote no encontraba motivo alguno para no absolverlo de lo que aquél creía era una falta grave. Para poder lograr su propósito, le dijo en plena confesión: «Padre, dígame, por ejemplo, Antoñillo». Ante sus insistencia, el cura así lo hizo, y el presunto pecador le respondió con rapidez: «Pues ande, y que le den por el culillo». Indignado, el sacerdote le contestó: «Tú no eres un dicharachero, tú lo que eres es un hijo de la gran puta».

¡Oh, qué viejo soy, Dios Santo! ¡Oh, qué viejo soy!
¿De dónde viene mi canto,
y yo adónde voy?

Estaba recitándome esta estrofa de Ruben Darío cuando me llegó a través del teléfono una sorprendente información desde Rute: mi nombramiento como «arriero honorario», dentro de una semana dedicada a la defensa del borrico. Acepté gustoso y maravillado.

Días después recorrí, desde El Puerto de Santa María –donde me encontraba–, casi 300 kilómetros en automóvil para recibir este extraño y divertido honor. Atravesé las maravillosas y ordenadas sierras cordobesas de olivos para llegar a Rute. No lo veía desde 1926. Viví allí durante dos inviernos trabajando mucho, componiendo un conjunto de canciones que llamé «El negro alhelí» y que incluí como tercera parte del libro *El alba del alhelí.* También allí planeé lo que posteriormente sería mi obra de teatro *El adefesio* y escribí muchas prosas, algunas publicadas en un libro que mi hija recogió y dio a conocer en la revista malagueña *Litoral,* con el nombre de *Cuaderno de Rute.*

Supe, a mi regreso a España, que todavía durante el franquismo se celebró en Rute un homenaje a mi poesía en el que, entre otros, participó el que hoy es vicepresidente del Gobierno, Alfonso Guerra, y siempre, de modo disperso, me fueron llegando noticias a Buenos Aires, a Roma, a Madrid, de esta ciudad inquietante.

Fue inevitable recordar, una vez más, que durante mi amistad con Pablo Picasso, cuando él había cumplido más de setenta años, alguna vez, de forma divertida, me preguntaba:

–Oye, Rafael, ¿cómo era aquello que tú escribiste de «Lino el del *peo*»?

–Esto me pasaba a mí en Rute –le respondía–, un pueblo de la sierra cordobesa donde pasé dos inviernos cuando yo tenía más o menos veinticinco años. Allí había un aceitunero, de esos que van a varear los olivos, al que llamaban «Lino el del *peo*». Una noche, yendo a ver en el teatro municipal de Rute una obra, creo que de Echegaray, que era muy violenta y terrible, Lino que estaba en la cazuela, se había impresionado tanto, que se soltó un *peo* grande y sonoro. Y claro, causó una gran hilaridad en el teatro, y se tuvo que interrumpir la obra. El alcalde, que estaba abajo, en la primera fila, con las demás autoridades, se levantó entonces y dirigiéndose a la cazuela preguntó: «¿Quién se ha tirado ese *peo?*». Nadie quería decirlo. «Si no lo dice nadie –amenazó– toda la cazuela irá al cuartelillo esta noche.» Y la gente, considerando injusta la decisión del alcalde de que tuvieran que pagar todos, gritó: «¡Ha sido Lino, Lino, Lino!». Lo cogieron del brazo, lo enseñaron a todo el teatro y estuvo detenido esa noche. Poco después lo encontré por la calle y me contó: «Mire usted, don Rafaelito, ¿sabe usted lo que pasó? Pues que después de aquella cosa, todo el mundo me conoce como "Lino el del *peo*"».

El culto al *peo,* que es un culto árabe, está muy extendido en algunos lugares de Andalucía. Esta historia me pareció siempre un cuento oriental, son muchos los relatos árabes que comienzan contando el episodio de un sastre, un zapatero o un mercader al que se le escapó un *peo.*

Rute me pareció ahora que no había variado mucho. Encontré casi intacta la calle de Toledo, donde yo había vivido con mi hermana y mi cuñado, y quise saber de Lino. Había muerto hace años. En medio de tanta gente que me acompañaba me presentaron muy solemnemente a un descendiente suyo que llevaba con gran seriedad el recuerdo de aquella historia.

Rute es un pueblo lleno de gracia, con gente que bebe mucho y con muchos troveros que echan desafíos entre unos y otros. Cuando Pascual Rovira, el muchacho organizador del homenaje, me fue a dar el burro que me había asignado como premio, yo no pude llevármelo a casa. Se llamaba *Carabina,* y era un animal precioso, perfectamente enjaezado, al que sólo puede acariciar, y que ha aceptado un sobrino mío, Ignacio Docavo, que dirige el zoológico de Valencia, para exhibirlo como burro excepcional.

Después de la extraña fiesta de Rute, visité un pueblo de las alturas, Iznájar, que me pareció más hermoso de lo que yo recordaba. Es un pueblo perfecto, de una blancura maravillosa, encalado hasta el frenesí y con el carácter secreto de los romances de García Lorca. Un grupo de gente encantadora que me acompañó durante la visita me llevó hasta la torre más alta, donde había un azulejo con un poema mío que le dediqué en 1925:

Prisionero en esta torre,
prisionero quedaría.

(Cuatro ventanas al viento).

–¿Quién grita hacia el Norte, amiga?
–El río, que va revuelto.

(Ya tres ventanas al viento).

–¿Quién gime hacia el Sur, amiga?
–El aire, que va sin dueño.

(Ya dos ventanas al viento).

–¿Quién suspira al Este, amiga?
–Tú mismo, que vienes muerto.

(Y ya una ventana al viento).

–¿Quién llora al Oeste, amiga?
–Yo, que voy muerta a tu entierro.

¡Por nada yo en esta torre
prisionero quedaría!

Volver a los lugares en los que no he estado desde mi primera juventud me produce siempre un estremecimiento alegre. Así lo sentía al regresar de Rute y de Iznájar entre los geométricos dibujos que abren los olivos por la dramática sierra cordobesa.

Y por enternecer aquel diamante
sobre un pescado azul llegó cantando.

Yo iba contemplando los saltos alados de los maravillosos delfines que seguían la popa del *Mendoza,* el barco que atravesaba el estrecho de Gibraltar y nos llevaba a la Argentina para vivir allí desterrados más de veinticuatro años:

Febrero, 10, Marsella.
Sella el mar para mí mi último puerto.
Adiós, adiós, Europa.
Aunque es febrero y frío,
libre de ropa
baja la Cannebière al mar Diana
Bullabesa. Mañana
triste, en el oceano,
Europa para mí será un fuego lejano
a través de la zona de las lluvias.

Los delfines. Siempre recordaré su compañía misteriosa y musical como mi última visión de España antes de entrar en un océano infestado por submarinos alemanes. Era sorprendente. Sentí cómo durante toda la tensa y larga travesía nos acompañaban, tan bellos, tan elásticos, tan puros y armoniosos. Nunca los he olvidado. Eran tersos, brillantes, como flautas griegas del mar. Tenían una belleza sonora, de instrumentos amorosos portados de las ondas. Ellos aplacaban nuestro temor durante el peligro del recorrido. María Teresa, defendiendo del viento el pañuelo azul de su cabeza rubia, los señalaba desde la cubierta, y sentíamos el gozo de verlos saltar como seres prodigiosos, y como signos, a la vez, de nuestra tristeza.

Los he vuelto a ver. En un pequeño barco, con unos amigos, aparecieron de nuevo, hace unos días, entre las aguas del estrecho de Gibraltar, después de cincuenta años de mi viaje en el *Mendoza.* Y una emoción semejante, y una mezcla de dolor y de gozo parecida a la de entonces, llegó con sus súbitos relampagueos, con la línea feliz y vibradora de sus melodías. Tuve de pronto la sensación de dejar otra vez España, de que los delfines, al saltar cantadores tras la popa, volvían a acompañarme hacia una nueva separación. Pero venían, como sonidos elevados del mar, con una presencia luminosa y distinta. Venían, jugueteando, a través de las ondas del Mediterráneo fundidas a las del Atlántico, haciendo las delicias del paseo.

Los egipcios y los griegos reconocían en los delfines la encarnación de la divinidad. El Oráculo de Delfos habría sido originariamente una mujer delfín, y las primeras civilizaciones, como Babilonia y Mesopotamia, fueron creadas por dioses delfín. Me contaron que, con frecuencia, caen en estados meditativos.

No puedo muchas noches deshacerme de su presencia. A menudo mi sueño está cruzado por grandes y luminosos saltos de delfines, prolongados por signos o silbidos musicales que me sumen en un duermevela que se prolonga hasta el amanecer. Estos saltos me llevan a recordar viejos episodios de mi vida, y sus sonidos me traen otros sonidos que hoy parecen inalcanzables...

Fue a Dámaso Alonso a quien se le ocurrió que yo estudiase los sonidos de la lengua castellana. Nos sentábamos en un banco de hierro del paseo de Recoletos, y allí me enseñaba las leyes de la fonética, y me hacía distinguir, por ejemplo, los fonemas africados de los fricativos, y me llenaba de términos que, antes que nada, me divertían. «Todo poeta -solía decirme-, debe tener conocimientos de lingüística para conocer el mecanismo íntimo de las palabras.» Pero yo, que había dejado el bachillerato en el cuarto año, no me sentía nada propicio a estudiar metódicamente ninguna nueva asignatura, y así terminábamos recitando a nuestro gran amor de entonces, que era Luis de Góngora, en sus *Soledades,* y en las titánicas y arquitectónicas estrofas de la *Fábula de Polifemo y Galatea.* Nada tan maravilloso como repetir en el aire de la mañana: «Los dulces dos amantes desatados», o aquella mágica estrofa en la que dice:

Que espejo de zafiro fue luciente
la playa azul de la persona mía.

Dámaso, tierno y con un finísimo sentido del humor, empezaba a convertirse en el monstruo de sabiduría y erudición que fue luego, y recuerdo siempre sus palabras y las imágenes que rodearon nuestra amistad, con la frescura y la intensidad que poníamos al encontrarnos.

Estos días estoy trabajando en las ilustraciones de una edición de su libro *Gozos de la vista,* que está repleto de figuraciones y cambios visuales:

Azul.
Azules que te velen, en el mar, en el cielo,
tu inocencia, extendida entre el aire y las aguas,
la siesta de ese sueño con que soñaste el mundo.

Después de nuestra antigua amistad, me unen a Dámaso Alonso la seducción de las formas y los colores, el amor a la plástica y a las transformaciones de las imágenes, mientras busco un lenguaje lineal para dibujar sus poemas:

Matices
de raso o jaspe, alegres variegados, calientes
claroscuros. Los choques, en destellos y chispas
de diamantes y sol.

También mi poesía la siento ahora más convertida en rasgos visuales, traducida a una representación más gráfica, más para los ojos, para su lectura por medio de trazos y manchas de color.

Y siento, en medio de estos rasgos, la delgadez musical y alada de los delfines, sus silbidos infantiles y sus saltos armónicos y prodigiosos arrastrando la voz del oleaje:

...Y por enternecer aquel diamante
sobre un pescado azul llegó cantando.

En Chile estuve una sola vez, en 1946. Yo no tenía pasaporte español, y la policía argentina me dio un permiso de quince días para que pudiera visitar a mi extraordinario amigo Pablo Neruda. Casi nada más llegar a su finca de Los Guindos, la misma en donde moría hace poco, con ciento cuatro años, su primera mujer Delia del Carril, Pablo me leyó ilusionado su gran poema de América, *Alturas de Machu Picchu.* Él acababa de visitar el Machupicchu, y venía muy impresionado de aquella ciudad maravillosa:

Del aire al aire, como una red vacía,
iba yo entre las calles y la atmósfera, llegando y despidiendo,
en el advenimiento del otoño la moneda extendida
de las hojas, y entre la primavera y las espigas,
lo que el más grande amor, como dentro de un guante
que cae, nos entrega como una larga luna.

Pablo era un hombre profundamente de su país. Los últimos tomos de su poesía son un canto a Chile, a su naturaleza prodigiosa, a sus ciudades lejanas. Cuando fui a visitarlo era ya entonces senador por el Partido Comunista chileno, y salimos enseguida a las tierras del Sur a dar mítines, a Valdivia, a Concepción, a las zonas de los grandes terremotos, donde hay cinco o seis volcanes maravillosos, y al lago Esmeralda, por donde pasaban airosos caballistas que montaban al estilo andaluz. Recuerdo la emoción de ver durante los mítines a aquellos indios fantásticos, que apenas entendían el castellano, escuchando nuestras palabras, y cómo las madres, a medida que llegaba el frío, con la caída de la tarde, cubrían a sus hijos con ponchos morados. Recuerdo el copigüe, la flor nacional que nace, con muy poco tallo, como campanillas rojas, como golpecitos de color, en medio de las tremendas araucarias, y los bosques fragantes, y el mar levantado en el puerto de Valparaíso. Y recuerdo, sobre todo, algunos amigos entrañables. Conocí durante aquel viaje a Laurita, la hermana de Pablo, una mujer muy dulce, muy sencilla, a quien quería enormemente. A Juvencio Valle lo había visto durante la guerra de España, donde escribió estupendos poemas de aquellos días terribles, y lo reencontré entonces en Santiago. Recuerdo además a Nicanor Parra, un poeta de doble filo, amigo y contrario de Pablo a la vez, y al interesante novelista Rubén Azócar.

Y entre todos los intelectuales del grupo de Neruda estaba Salvador Allende. Comimos juntos varias veces, en plena campaña electoral. Era un hombre encantador, tierno y afectivo, apasionado por la búsqueda de soluciones reales a los problemas de su país, a las gravísimas cuestiones económicas y sociales, con el entusiasmo y el valor que demostró siempre, hasta el último momento, hasta el dramático final del Palacio de la Moneda, empuñando un arma y obligando a sus hijas a que abandonaran el edificio. Yo le escribí, al conocer la noticia de su muerte, un poema lleno de dolor y de rabia:

No lo creáis, cubría
su rostro la misma máscara.
La lealtad en la boca,
pero en la mano una bala.
Al fin, los mismos en Chile
que en España.
Ya se acabó. Mas la muerte,
la muerte no acaba nada.
Mirad. Han matado a un hombre.
Ciega la mano que mata.
Cayó ayer. Pero su sangre
hoy ya mismo se levanta.

Y así parece ocurrir hoy en Chile, diecisiete años después del golpe de Estado, en los momentos de vuelta a la democracia. La figura de Allende, como la de Pablo Neruda, parece levantarse del terror de los años de Pinochet, de la complicidad norteamericana. Pablo, que por medio de un acuerdo amistoso y de interés político había renunciado a presentarse como candidato a la presidencia en favor de Allende, despertó los odios del presidente de la República, González Videla, poco después de mi viaje a Chile, y tanto él como Delia, a la que María Teresa y yo tanto quisimos, que era aún más decidida y activista que Pablo, y a quien nosotros llamábamos «el ojo de Molotov», tuvieron que esconderse en su propio país. La figura política de Pablo estaba en aquel momento intensificándose. También, poco después, asistiría al Congreso Internacional por la Paz en París, donde obtuvo un éxito resonante.

La última vez que vi a Pablo fue precisamente en París, una tarde que Louis Aragon había ido a verle, y le llevaba un magnífico poema que le había escrito. Pablo era entonces embajador de Allende, y Aragon sentía por él una admiración enorme, sobre todo por su libro *España en el corazón,* que consideraba como el comienzo de una nueva poesía de índole civil.

Su muerte la conocí una madrugada en Roma, y las primeras informaciones dijeron que había sido asesinado. Yo estaba rodando esos días una película junto a la maravillosa actriz Anita Ekberg, y el director me permitió que comenzara a la mañana siguiente el rodaje con la terrible noticia: «Me acaban de comunicar que en Chile ha muerto, solo, en un sanatorio, asesinado por los militares de Pinochet, mi gran hermano, el inmenso poeta de lengua castellana, Pablo Neruda». Anita Ekberg, espléndida y luminosa, me escuchaba emocionada, sin comprender del todo.

Yo conocí a Roberto Matta antes de ser pintor, cuando realmente no era para nosotros sino un arquitecto nuevo y simpático, que iba a casa de Bebé y Carlos Morla Lynch, donde lo encontrábamos con frecuencia los años anteriores a la Guerra Civil. Morla, que era entonces agregado cultural de la Embajada de Chile, pero con una categoría casi de embajador, era un hombre muy elegante y muy cariñoso, que había convertido su casa en un verdadero centro cultural, un refugio para nosotros, los jóvenes poetas y pintores que pasábamos allí tardes enteras. Federico García Lorca, Manuel Ángeles Ortiz, Maruja Mallo y yo éramos los más asiduos, y a Matta –según le divierte decir ahora– no lo creíamos en nuestra cuerda.

Su condición fantástica de pintor no se le descubrió hasta algo más tarde, cuando fue recibido en París por Breton y el grupo de los surrealistas, por Duchamp, Dalí, Magritte, Penrose, Tanguy y Miró, y participó con ellos en 1938 en la Exposición Internacional del Surrealismo. En esa exposición, y en la primera individual que hizo en

Nueva York, en 1942, a la que tituló *La tierra es un hombre,* se destapó el ser sorprendente y vital que es ahora.

Porque Matta es, sobre todo, la sorpresa. La sorpresa en la pintura y la sorpresa en todo cuanto hace, en las conversaciones, en las opiniones, en la manera de desarrollar las opiniones. Surge, de pronto, como un meteoro, y luego casi no se atina a hablar con él. Uno dice una palabra, y Matta rápidamente la convierte en cien cosas diferentes, cambia unas por otras, crea y recrea cualquier momento, dejando, después de estar una tarde con él, en el aire de uno, la velocidad imparable de sus improvisaciones. Es un pintor con verdadero talento literario, que busca siempre el modo de darle un giro inesperado a las cosas, y capaz de conjugar airosamente, en una de sus últimas exposiciones, *el verbo América:*

«El verbo América es *conjugar* participios pasados con presentes condicionales, es *reorganizar* todos los pretéritos de las cuentas y cuentos del indio del Mediterráneo con los indígenas de América y del Pacífico. Es poner bien los dedos en lo que los une, en vez de despreciarse con megatónicas megalomanías. El verbo América es estrujar la cultura tradicional del Mediterráneo con un probable arte nacional de América».

Todo esto es todavía una arriesgada convicción,
un proceso de construcción,
una concentrada fijación, un aparato de recuerdos,
un tormento mítico,
un matrimonio cósmico,
un mundo tan reciente que parece escondrijo,
una búsqueda de tierras prometidas,
una gana que carece de nombre,

una amenaza de pecado,
un catálogo de nudos,
o una recreación circular como un puente de tierra.

Durante los años que estuve en Italia fui varias veces a visitarle a su castillo de Tarquinia, la prodigiosa ciudad etrusca llena de tumbas antiguas, donde él trabaja incansablemente. Allí ha llevado esculturas africanas colosales, que colecciona celosamente, y sus propias esculturas en metal, unos extraordinarios artefactos que hace y deshace de mil formas. En el castillo, que está rodeado de un jardín precioso y de un estanque con peces, su mujer, Germana, es el alma de todo. Como un arcángel loco y extraordinario, recorre los pasillos y las habitaciones, amplía y registra lo que dice Matta y se desvive tras él adivinándole los pasos.

Pero a Matta no se le puede fijar en un momento determinado, ni en su sitio. Por Roma, tan pronto aparecía como desaparecía, sin que supiéramos de qué modo. Una gran amiga de los dos me telefoneó un día, alarmada y divertida: «Oye, ha pasado por aquí Matta, camino de Pompeya, y me ha dejado a uno de sus hijos sin decirme cuándo vendrá a recogerlo. Por cierto que es guapísimo y está lleno de piojos».

Para Duchamp, Matta era el pintor más profundo de su generación y sus cuadros son realmente la visión deslumbrante de un mundo personalísimo. Su pintura es creadora de acontecimientos inesperados, de personajes muy poéticos que ejercen la misma atracción, y la misma sorpresa, que Matta. Tienen la calidad de algo nuevo, virginal, de algo que surge como de la naturaleza, como de una rama, de una flor, o de un pájaro. Porque él está mezclado con todo lo natural y forma parte de ese mundo que vive e interpreta tan maravillosamente. Está sumergido de modo permanente en un estado de creación, en el que aparece como en medio de un jardín, como si acabara de caer de un árbol. Luego, toma algunas palabras por los cuernos, las voltea, las enlaza a otra conversación, mueve algunos colores, y se va a dormir, detrás de su bastón.

Caí en Roma, volví a ella después de tanto tiempo. Fui primero para intervenir en un programa de televisión y dos meses más tarde para recibir el Premio Roma Letteratura en el Teatro Ghione. Participé después en Nápoles en un encuentro que reunió a poetas de todo el mundo, y también recogí en Capri otro premio literario. Estos dos últimos viajes a Italia los hice en compañía de mi mujer, María Asunción Mateo, y de Roberto Otero, gran fotógrafo y dueño de un precioso yate que cuida y lustra como si fuese un gran zapato que abrillantase sobre las olas para que se deslizara radiante sobre ellas.

No iba a Roma desde hace muchos años, ciudad en la que estuve casi quince de mi exilio, la mayor parte de ellos en la Via Garibaldi, en una antigua y bella casona de comienzos del siglo XVIII que había servido de convento a unas monjas que tejían tapices, como ya he escrito en otras ocasiones. Sentí una incontenible emoción al vivir aquellos días en aquella prodigiosa ciudad, en la que viví con María Teresa. Mi casa estaba sobre un altillo de la calle, cerca del bar Settimiano, frente a la *trattoria* de

Rómulo, donde había vivido la Fornarina, la bella amante del pintor Rafael Sanzio de Urbino, mientras él pintaba *La Galatea* en el famoso Palazzo Corsini, vecino a mi casa, y los murales maravillosos del Vaticano.

Al bar Settimiano venían todos los días los pintores Carlo Quatrucci, el argentino Alejandro Kokochinski, el tristemente desaparecido Agustín Pérez Bellas, también arquitecto y escritor, y su mujer, la increíble e insensata gallega Mercedes Ruibal, a la que tanto María Asunción y yo queremos, y a la que recuerdo escribí por su aniversario, un 6 de noviembre de 1976, este poema tan deslenguado, ilustrado con dibujos:

Mercedes, en este día
en que ya cumples los cien,
te regalo esta sartén,
para que Agustín te fría
–si los dos no sois contrarios–
sus huevos a tus ovarios,
única amorosa llama
que un varón puede ofrecer
al coño de su mujer
al celebrarlo en la cama.
Así, Mercedes Ruibal,
con esta sartén te invito,
a comer los huevos fritos
de tu marido inmortal.
Y registrará la historia,
siempre en el recordar grata,
en este día de gloria,
en este fausto sin fin,
que hiciste la gran fritada
con los huevos de Agustín.

Mercedes, además de una inesperada y excelente pintora, es también una escritora llena de audacia, como prueba su libro *Confesiones de volatinera con bragas de repuesto al dorso,* cuya publicación acompañó de otro poema que le escribí, esta vez alabando sus dotes pictóricas, y que concluía así:

> *Ésta es Mercedes Ruibal en el ángel,*
> *ésta es Mercedes Ruibal en el diablo.*

Tras la muerte de Agustín escribió un libro de poemas, *Y mi voz es tu nombre,* en el que el recuerdo de su marido está latente y conmovido:

> *Te espero inútilmente*
> *a sabiendas que tu cuerpo hecho espuma*
> *descansará en la nada.*

Aquel ángulo de Garibaldi y la Via Riari en el que al anochecer me encontraba con mis amigos sigue siendo hoy, aún después de tantos años, un lugar inolvidable. Ahora, cuando estuve en mi antiguo barrio, no pude reunirme con ninguno de ellos. Aunque no muy lejos pude encontrarme con otros amigos de entonces muy queridos, como el grande y arcangélico abogado Mario Veutro y su mujer, Giuliana, Angela Redini, inteligente actriz que dirigió la filmación de mi recital de la *Fábula de Polifemo y Galatea*, de Góngora, con fondo de paisajes playeros en las hermosas costas de Sicilia, y también a la siempre bella y elegante condesa De Giorgi.

No pude alojarme en mi casa de Garibaldi, pues está ocupada desde poco después que volví a España y me ha sido imposible, por el momento, desalojar a la, hoy desagradable, persona que en la actualidad la ocupa. Así, que al llegar a Roma nos instalamos en un *albergo* llamado Raphaël, muy cerca de la Piazza Navona, casi junto a una de las grandes fuentes llenas de delfines y ninfas desnudas, lugar donde hace tiempo se celebraban fiestas náuticas extraordinarias, con aguas desviadas del gran río Tíber. Plaza que, a pesar de no encontrarme tan ligero como hace años, mis dos acompañantes me hicieron recorrer a pie muchas veces, cosa que quiero registrar aquí para siempre. Nunca anduve más, pero tengo que admitir que sentí mejoradísimas mis piernas en mis obligadas caminatas por la famosa plaza de Bernini. Pasé mil veces ante los tritones, los caballos y delfines, y pensé que algún día habría una placa que recordaría mis paseos ante las extraordinarias esculturas.

¡Roma, Roma! Años maravillosos, yendo los veranos a los bellos montes de Anticoli Corrado, altas y verdes montañas ya pertenecientes a la sierra de Pescara que, en esta ocasión, volví a visitar. Nos acercamos hasta el jardín de mi preciosa y rústica casa sobre el verdísimo valle del Aniene, con las altas montañas al fondo llenas de pueblos hermosos y paradisíacos que entonces recorríamos y yo canté tantas veces en mis cuadernos romanos.

¡Oh prodigio de la memoria y de los ojos que no olvidan y encierran el poder para el canto! La memoria y los ojos para el dibujo, el color y todo aquello que nos hace vivir, dejar vivo lo que conmueve aún y nos hace eternos.

Roma. Roma. Italia. Italia. Aquí estoy todavía, aquí estás en la memoria vibrante de mi corazón que aún existe y no se olvida nunca.

¿Cuánto tiempo me queda, oh mar, para mirarte,
cuántas mañanas, dime, para verte,
cuántas noches, oh mar, para soñarte,
cuántos dolores para no tenerte?
Dímelo, si lo sabes, dímelo,
y si no lo supieras, cállalo.

Así comienzo este nuevo capítulo de mi *Arboleda perdida,* cuando precisamente me encuentro ante el mar de la bahía de Cádiz, mi prodigiosa y siempre ensalzada bahía de la cual soy un exagerado e inmenso patriota. Mar de un bellísimo color diluido, casi blanco, reflejo de un maravilloso cielo encalado por unas amenazantes nubes de lluvia. Bien está un cielo así, recordando a una cal chorreada, parecida a la caída sobre los muros de las casas. Hoy contemplo mi mar desde un balcón de El Puerto de Santa María, en espera de poder trasladarme con María Asunción a una hermosa casa, con frondosos árboles, con seis chopos altos y prolongados como los mismos castellanos de Antonio Machado, un árbol de la pimienta igual que otro que se alzaba en el jardín de mi abuela aquí, en El Puerto, con sus ramas como tramados de encaje, pinos parasoles como los viejos del pinar de Valdelagrana, dos palmeras: una muy alta, que semeja a un cocotero, y otra más baja pero frondosa. Todo ello limitado por un cerco de libustros sobre el que asoma una florida y oscura buganvilla.

Frente a la casa se alzan dos araucarias vecinas, árboles que siempre me complacen por saberlos preferidos de Pablo Neruda, que tanto los cita al hablar de su selva chilena. Araucarias que me harán recordar a Pablo y escribir sobre él.

Nuestro gato *Juan Gris* ya ha hecho varias visitas a su próximo hogar, acaba de pasar de nuestra terraza madrileña al íntimo y umbroso jardín de la nueva casa. ¡Quién le iba a decir que viajaría a Cádiz en avión! Él, engalanado con un sonante collar verde a juego con sus brillantes ojos, está sorprendido de hallarse en una arbolada extensión como ésta, por la que esparce su graciosa curiosidad recorriéndola de parte a parte y haciendo oír su alegre cascabel.

Esta preciosa casa nos la ha cedido el Ayuntamiento de El Puerto, con el pleno acuerdo de todos los partidos políticos, a la cabeza de los que se encuentra el alcalde de la ciudad, Hernán Díaz Cortés, que por poco pudo haberse llamado Rodrigo Díaz de Vivar, por la combatividad demostrada en la contienda por el manto de la Virgen de los Milagros que ha sostenido con el obispo de Jerez y que ha mantenido unidos a todos los portuenses, creyentes o no. La Virgen con su luminoso manto tejido con las torres almenadas y el león rampante dibujados en la capa de Alfonso X el Sabio, tomados de las devotas *Cantigas,* paseó por las calles portuenses durante la procesión que conmemoraba sus bodas de diamante como patrona de la ciudad.

Yo, desde un balcón engalanado para la fiesta recité, casi cantándolo, mi poema escrito en 1923, «A la Virgen de los Milagros», de mi *Marinero en tierra,* aquel que comienza así:

La Virgen de los Milagros
es la patrona de El Puerto.
Para el ocho de septiembre,
se asoma al balcón del río.

Lo cual queda muy bien en labios de un poeta que sigue siendo comunista como yo.

A mi lado, en el balcón, mi mujer y nuestra querida Catalina Pastor, viuda de mi inolvidable sobrino Agustín Merello, cuyo corazón descansa hoy en el mar, hijo de aquel primo mío, Agustín, que cuando niño se pasaba la vida en un rincón fingiendo que comía pasto, porque su mayor ilusión era la de ser caballo, ilusión que también compartí yo y que ya conté en algún capítulo de mi primera *Arboleda*...

Durante estos días, he pasado por mi casa de la calle Luna, y he recordado el gran Teatro Principal, ya desaparecido. La parte alta del teatro, la de las buhardillas, daba a unas ventanas que caían sobre la azotea de mi casa. Desde allí se oía todo, y muchas veces, cuando niño, mis hermanos y yo subíamos a escuchar a los actores, cuyas voces nos llegaban clarísimas desde el escenario. Recuerdo que una vez se celebraba la fiesta de los Juegos Florales, acordándome aún hoy del comienzo del retórico y pomposo poema que recibió la «Flor natural», y que decía:

Andalucía, tierra mía,
la de la luz y las flores,

la que canta con vivísimos colores
la pureza inmaculada de María.
Madre tierra generosa,
la que baña el mar latino
con el manto peregrino de una diosa.
Te canto porque te quiero,
te quiero porque eres buena,
y al ser buena, soberana,
y además también te quiero
porque eres bella y cristiana.

En ese mismo teatro, quién me lo iba a decir a mí, oí la voz de la gran actriz Margarita Xirgu, que muchos años después estrenaría obras mías, la primera de ellas la revolucionaria *Fermín Galán.* Cuando conocí a Margarita y le conté mi lejana audición infantil, sentí una gran emoción que todavía me llega.

Antes de volverme a Madrid, quiero pedirle al alcalde de El Puerto de Santa María que ponga en marcha el gran reloj de la torre de la iglesia Prioral, aquel que cuando yo era chico siempre me indicaba la hora puntual de llegar al colegio. Pues ahora, a mis ochenta y ocho años, estando amarillenta su esfera y paralizadas sus manecillas, será el culpable de mi tardanza a clase de Preceptiva Literaria, y el padre Aramburu me acusará otra vez ante mi familia de no llegar a tiempo a clase.

Con el día tan mudo, sólo se me vienen al recuerdo cosas de llovizna y lluvia de otro tiempo, sobre todo de cuando era chico y siempre estaba deseando que lloviera como hoy –día de guerra, por las salvas de los cañonazos que me llegan desde la isla de San Fernando– va a llover con la misma seguridad de que tampoco tendré que ir al colegio. Era bueno no ir. Por esta causa me pasaría las horas haciendo *morisquetas* –caras y gestos caricaturescos– como las hacía con mis hermanos, cosa que divertía mucho a mi madre, pues nos convertíamos en unos improvisados actores disparatados, vocación que siempre nos acompañó.

Releyendo esta tarde el volumen primero de mi *Arboleda perdida,* tropiezo con los recuerdos de mi sorprendente y queridísimo amigo Fernando Villalón Daóiz, conde de Miraflores de los Ángeles, que me conmueven siempre y de quien vuelvo otra vez a hablar, tal como le prometí en aquellas prosas, y de quien todavía suelo repetir de memoria estrofas sueltas de sus poemas, sobre todo ahora que, de nuevo, estoy en El Puerto, y que no voy a tener lejos las salinas que él amaba tanto:

Salinas de Sancti Petri,
esteros de San Fernando,
agua parada y dormida
donde se mecen los barcos

o esa que recordaba su profesión de ganadero:

Si no se me parte el palo,
aquel torillo berrendo
no me mata a mí el caballo

o aquella otra que sólo a él se le podría ocurrir:

¡Islas del Guadalquivir,
donde se fueron los moros
que no se quisieron ir!

Resulta imposible recordar a Villalón y no pensar en Sánchez Mejías. Ayer tarde, mientras paseábamos en coche por las calles de El Puerto, dimos varias vueltas a su incomparable plaza de toros, para mí una de las más bellas... «del mundo», añade siempre María Asunción entre bromas. Era una forma más de rendirle mi homenaje, ya que todavía mis piernas no están preparadas para dar la vuelta al ruedo a pie. Y sin poder evitarlo, la imagen de Ignacio se me ha presentado, aunque nunca pude verlo vestido de luces en esta plaza, como le reprocho yo en una carta, después de que se retirara de los toros:

«He visitado la Plaza de Toros. ¡Magnífica! Y he llorado, acordándome de ti. Te fuiste del toreo sin que yo te hubiera visto en este ruedo de oro, inmenso, tan solitario hoy».

Ignacio, gloria de España
¿por qué no vienes a El Puerto,
que en esta plaza sin nadie
gira tu pasado muerto?

También aquí, desde mi balcón a la bahía, se me ha ocurrido renovar mi homenaje de amor a esta mar gaditana con la nueva edición de mi *Ora marítima,* que publiqué por vez primera en Buenos Aires en 1953. Una serie de dibujos, realizados durante este verano, completarán el libro, preparado con el entusiasmo y el deseo de que los escolares y estudiantes gaditanos conozcan la historia de Cádiz a través de mis versos. Por cierto, que a nuestra casa de El Puerto queremos darle el mismo nombre que el escritor latino Avieno dio a su relato, *Ora marítima,* cuyas letras estoy dibujando en azules para que la maestra mano de Pepita Lena traslade a la cerámica, así como mi poema manuscrito «Bahía del ritmo y de la gracia», dedicado a Telethusa, la gran bailarina romana de Cádiz, que presidirá ya para siempre nuestro porche, por acertado deseo de María Asunción.

A mí siempre me ha gustado hablar de esa manera que popularmente se ha llamado «sin ton ni son», porque a veces se llega a improvisar cosas buenas e inesperadas, cosas que tantas veces me gustaría llevar a la creación y que alguna vez he podido lograr, como aquello de:

Doña Zírriga Zárriga Zórriga, trompa pitárriga
tiene unos guantes,
de pellejo de zírriga zárriga zórriga trompa pitárriga,
le vienen grandes.

Acabo de conversar con el actor Paco Rabal para felicitarlo por el premio que ha recibido en Canadá por su película *El hombre que perdió su sombra*, y también por la afirmación que ha hecho, diciendo que él siempre será comunista, cosa que yo comparto plenamente y que me ha parecido muy valiente en estos momentos en que se ven tantas deserciones. También he querido tener noticias, después de múltiples y fallidas llamadas, de mi gran amigo Jaime Martí, al que tanto recuerdo por nuestras conversaciones literarias, sus excelentes sonetos, pero sobre todo por sus maravillosas y verdes paellas, sabiéndolo ahora en su querida y familiar Altea, en donde lo imagino jugando a las cartas con sus viejos amigos.

Hoy es el día de las extravagantes y sorprendentes noticias. Abro el periódico y leo estupefacto que un joven de veintiocho años se corta con un cuchillo el pene y los testículos para poder ponerse el nombre -nada novedoso- de Josefa. Pero la noticia verdaderamente lírica ocurrió hace unos días, con la escapada de 20 loros americanos de la casa forestal portuense, que andan recorriendo y llenando el aire de las dunas de San Antón, en la playa de la Puntilla, de sus conversaciones y del fulgor brillante de sus plumas.

Me han dicho que me van a regalar un loro, imagino que no será, o sí será, uno de esos que vuelan por las cercanas playas y que me recordará a aquel que tuve en Argentina, que tenía la señalada virtud de soltar con fruición su suelta caca sobre mis libros, o aquel otro *Cocorito*, en Roma, al que mi gato el *Buco* tenía siempre aterrorizado. A éste que me van a dar ahora pienso ponerle el mismo nombre y así habrá un nuevo *Cocorito* en esta nueva etapa de mi vida que pienso comenzar en El Puerto de Santa María.

¿Qué más? Va a llover. De seguro. No hay nadie en la playa. Ni una esbelta sirena. Va a sonar dentro de poco la tormenta. Hay gente que pasa todo el día diciendo que va a llover y al final no llueve. No cae ninguna gota. Pero hoy estoy seguro, lo estoy, que va a llover. De improviso, y sin saber por qué, recuerdo, sin ton ni son, aquel trabalenguas que repetía cuando era muy joven:

Tengo un tío en Berlín y en Berlao,
en Jarapita y en Jarapitao,
y ese tío que tengo en Berlín y en Berlao
y en Jarapita y en Jarapitao,
me ha dicho que ni me embirle ni me emborle
que ni me enjarapite
ni me enjarapitajole.

Verdaderamente, tengo un día bastante enloquecido.

Para y óyeme, oh sol. Yo te saludo
y estático ante ti me atrevo a hablarte.

Con estos versos de Espronceda me dirijo al sol, en Madrid, un cuarto de hora antes de esconderse tras un ancho tejado de la larga calle Capitán Haya. Dentro de nada, este nuevo capítulo de mi *Arboleda perdida* lo escribiré en sombra, lejos de mi balcón, asomado a la bahía gaditana.

Muy diferente es hablar del mar desde aquí, desde este mi balcón madrileño, lleno de ruidos que no son como los de las olas, pero que también tienen su especial eco, su cola de sonidos no desagradables, aunque no como los del vaivén del oleaje. Aquí no se ven gaviotas y los rumores no son los de las olas contra la arena de las orillas. Es muy diferente ir perdiendo la luz con murmullos de espumas que con el de los motores. Yo sé que algunos de estos veloces coches pueden, en vez de en las arenas, darse un encontronazo con otro o contra el quicio de una casa de esta avenida. Soy, como es bien sabido, un gran miedoso de los automóviles, sólo puedo ir tranquilo en uno, siempre conducido por María Asunción, excelente y segura conductora. Sin embargo, me gusta Madrid, esta larguísima calle con musicales ruidos de coches que van saliendo de un inesperado túnel.

Tan reciente aún y parece ya lejos el verano que durante unos días, siempre demasiado pocos, vinieron a alegrarnos a su madre y a mí, David y Marta, a quienes en su todavía cercana infancia yo compraba las dulces y celebradas «lenguas de gato», y a los que cariñosamente llamaba «putienses», en apócope de los diminutos amigos de Gulliver. Él, motorista encantador y enloquecido, siempre a toda velocidad por entre los caminos de las marismas. Ella, surgiendo en su querida adolescencia como una sirena del cercano mar, que me hizo escribirle:

Sirenilla valenciana,
la más bella sobre el mar
de la bahía gaditana.
El agua a ti no te riza,
tú eres quien rizas el agua,
tú eres quien rizas el viento
que te besa en la mañana.
Tú te cruzas con las olas,
las olas en ti se alargan.
En ti la luz es el viento,
con la luz brilla en tu cara,
linda sirena del mar,
sirenilla valenciana.

Ahora, aunque no caen las hojas amarillas de los árboles, es el otoño aquí más otoño que en El Puerto, en donde, desde una espléndida terraza a la bahía, llegaba a mí un intenso aroma de cuatro maravillosas magnolias habitadas por musicales píos de misteriosos pájaros que los cobijaban sin que jamás yo los viera, sino que solamente escuchaba su algarabía de agudos gritos invisibles, huéspedes estridentes de sus compactas sombras y oscuras hojas, capaces de fraguar en millares de píos que lanzaban durante toda la tarde:

Canta, cantan. ¿Dónde cantan los pájaros que cantan?

se preguntaba Juan Ramón Jiménez por aquellos pájaros sin saber dónde se encontraban, entre los árboles y ramajes silvestres de Moguer, en la época en que él los citaba en sus mágicos y enamorados romances.

Yo voy a cumplir noventa años, bueno, aún me faltan algunos, y como ya he contado alguna vez, me impresiona pensar que supero en vida a Goya, aunque no la soberbia y magnífica edad de Tiziano, que vivió en plena producción hasta los noventa y nueve, y murió por una grave epidemia de cólera que asoló Venecia, si no, estaría todavía pintando desnuda a su bellísima hija Lavinia, que es la Virgen María que utilizó en los más hermosos altares de las iglesias venecianas. Pues bien, no es que yo quiera ser Tiziano, pero sí que lo voy a ser alcanzando sus años en plena producción poética y también, creo, pictórica. ¡Vivan los deseos de no morir nunca, de alzarse sobre los nácares dispuesto al amor y a la creación de nuevos poemas y nuevas obras!

Con los amigos que queden celebraré mis cien años con pescado frito de la bahía de Cádiz y vino fino perfumado de El Puerto y los langostinos frescos de Sanlúcar de Barrameda, esa ciudad alzada como templo a Venus, ciudad de la Santa Luz.

Cuando estoy finalizando este capítulo y degustando una riquísima merienda que me ha preparado mi queridísima y «bella hijastra» Martita, suena el timbre de la puerta. Es un joven que desea le autentifique una estrofa firmada por mí en 1951, escrita al dorso de un dibujo al pastel de Salvador Dalí, representando una rosa roja cuyos pétalos altos se transforman en diferentes palomas. El dibujo, según me cuentan, pertenece a un periodista peruano que debió acercarse a mí durante mi exilio en Buenos Aires, y me propuso que añadiera unos versos para que realzase así el recuerdo de dos antiguos amigos de la Residencia de Estudiantes. He aquí las estrofa:

Luna, sol, montaña,
paloma,
espíritu de mujer,
viento de flores.

Y como ahora, de pronto, ha comenzado a llover y es la mágica hora de las incoherencias, tengo que añadir este diálogo que repetía cuando era niño con mis hermanos y que me viene ahora a la memoria:

«–Oye, chiquilla, ve a aquel palacio y avisa a un coche, que estoy cansada. Pronto, despacha. No pierdas ni un momento.

–Oh, qué manera, qué modo de hablar. No puedo sufrir más, la cólera me ahoga. Se lo voy a decir a mi papá, para que se encargue de esto, y si mi papá no lo hace, al menos, pues, más o menos bien, yo me encargaré. Habréis de respetar mi dignidad, pues sabed que se trata nada menos que de la única hija del duque de Galápago».

Desde muy chico supe que en 1492 Cristóbal Colón había descubierto América, eso estaba en todos los libros de texto y en boca de la gente más popular, aunque no supiera leer ni escribir. Pero el auténtico descubrimiento de América fue para mí en 1935, tras mi contacto con la realidad geográfica, histórica y humana de ese continente. Viaje que comencé en Hamburgo, a bordo del transatlántico *Bremen*.

Tuve como guías no sólo a los cronistas de Indias, sino también a dos admirados poetas, Walt Whitman y Langston Hughes, y la presencia de la palabra de José Martí, que tan bien supo diferenciar «Nuestra América» de la otra. De Hughes, al cual yo había traducido ya en 1933 para la revista *Octubre*, tomé su verso «Yo también canto a América» como título del último poema de mi libro *13 bandas y 48 estrellas*, en homenaje a él. Su poema es un canto de esperanza en el futuro de su raza. Mi libro, un canto de fraternal solidaridad con los pueblos hermanos en el que intento reflejar en verso el latir de aquel momento histórico. Lo dediqué «A Juan Marinello y a todos los escritores antiimperialistas de América», y me lo publicó el entrañable Manolo, Manolito, Altolaguirre en 1936:

Nueva York, Wall Street, Banca de sangre,
áureo pulmón comido de gangrena,
araña de tentáculos que hilan
fríamente la muerte de otros pueblos.

De tus cajas, remontan disfrazados
embajadores de la paz y el robo:
Daniels, Caffery, etc., revólveres
confidentes y a sueldo de tus gangsters.

La Libertad, ¡tu Libertad!, a oscuras
su lumbre antigua, su primer prestigio,
prostituida, mercenaria, inútil,
baja a vender su sombra por los puertos.

Tu diplomacia del horror quisiera
la intervención armada hasta en los astros,
zonas de sangre, donde sólo ahora
ruedan minas celestes, lluvias vírgenes.

Más aún por América arde el pulso
de agónicas naciones que me gritan
con mi mismo lenguaje entre la niebla,
tramando tu mortal sacudimiento.

Así un día tus trece horizontales
y tus cuarenta y ocho estrellas blancas
verán desvanecerse en una justa,
libertadora llama de petróleo.

Yo cantaba ayer a América, y sigo cantándola hoy en todo su esplendor natural y belleza, en toda su problemática humana y política. América, hoy más que nunca, está cerca, muy cerca de nosotros, y sus problemas siguen siendo los nuestros, por mucho que intentemos olvidarnos de ellos. También Rubén Darío levantó su voz, en sus *Cantos de vida y esperanza,* tal vez con un antiimperialismo menos consciente todavía, pero con una angustiosa alarma: «¿Tantos millones de hombres hablaremos inglés?», lema que da comienzo a mi citado libro.

A través de las páginas, Nueva York, Cuba, México, Venezuela, El Salvador, Panamá... desfilan por mis versos. Desde 1935, año en el que yo levantaba mi voz en defensa de la autodeterminación de algunos de aquellos países hermanos, su situación no ha mejorado, el hambre, la injusticia, la discriminación, aún están latentes. Y Cuba, que parecía ser esperanza de los más desheredados, lucha desesperada y valientemente en una soledad escalofriante, frente a un mundo que ha enmudecido ante la más demencial defensa de los derechos humanos de un pueblo que ha sido guía y ejemplo de otros, también oprimidos por la prepotencia y explotación yanqui más denigrante que se ha conocido:

América está muy sola
todavía.

Sola y lejana en su noche,
muy sola, pero encendida

escribiría yo años más tarde, en *Baladas y canciones del Paraná,* entre poemas dedicados a cantar sus ríos desbordantes, sus bañados, sus caballos. Hoy, cincuenta y siete años después de haber escrito mi libro más antiimperialista, sigo cantando a América, con el amor y la rabia más encendida en mi corazón de andaluz tan cercano siempre, por tantos motivos, al americano. Sigo cantándola, compartiendo la injusta humillación que sufren muchos de aquellos países por la ineptitud de sus gobernantes o por el aislamiento al que los somete el gigante yanqui, con las mismas estrofas con las que finalizaba mi poema:

Yo también canto a América, viajando
con el dolor azul del mar Caribe,
el anhelo oprimido de sus islas,
la furia de sus tierras interiores.

Suene este canto, no como el vencido
letargo de las quenas moribundas,
sino como una voz que estalle uniendo
la dispersa conciencia de las olas.

Tu venidera órbita asegures
con la expulsión total de tu presente.
Aire libre, mar libre, tierra libre.
Yo también canto a América futura.

Se me ocurrió anoche remontarme hasta el cielo, visitar la sacristía del Señor para preguntarle por la edad de los camaleones, que yo sé que se remonta a miles de miles de años, que ellos son el símbolo de la antigüedad de los fenicios. Yo los amo desde niño, desde que los tenía fijos, entre las ramas de una higuera de mi jardín fumando del tabaco que yo les daba, agarrando el cigarrillo con sus extrañas y picudas manos, aguantando el humo en su inflada garganta. ¡Oh los camaleones, bellos, raros, silenciosos, camaleones de la grande y profunda higuera de mi jardín en la calle de Santo Domingo!

Voy pensando en los camaleones, silenciosos, fumadores, cuando me dirijo por la carretera de Sevilla a Huelva para presenciar en su puerto la partida de las tres carabelas, reproducción exacta de las históricas naves que condujeron a Cristóbal Colón a las tierras que luego se llamarían América. Descubrimiento que no debería ser polémico, pues se trata de una de las hazañas más luminosas y notables de la humanidad, pero que no justifica para nada la barbarie y el abuso exterminador al que luego se llegó en muchos momentos durante la colonización, y que me ha inspirado este poema. Me emociona imaginar aquellas carabelas, enarbolando su blancura al aire nuevo:

Yo soy la carabela que un día
salió de Huelva en mano azul del viento,
sin saber que iba a ser mi pensamiento
lo que en la luz por siempre escribiría.

Sin saber que ya nunca volvería,
fui carabela y fui luz en aumento,
barco y sol a la vez, ciego portento,
nadando en brazos de la mar bravía.

Nunca podré volver, siempre adelante,
carabela perenne, sol constante
nadando sola y sola, solamente.

Lo que yo dejo atrás nadie lo sabe,
mi camino en el mar tan sólo cabe,
yo soy un navegar, fiel, permanente.

Huelva es la patria de dos grandes artistas, grandes amigos míos, insignes pintores: Daniel Vázquez Díaz, que fue mi notorio maestro en la pintura, autor, como es sabido, de la historia plástica de Colón dejada sobre los muros del monasterio de la Rábida, y el extraordinario dibujante José Caballero, que yo siempre recuerdo con enorme cariño, que reflejé en un largo poema del que transcribo ahora algunos versos:

Relieves planetarios,
superficies lejanas

sólo vistas por ti,
aradas solamente por tu mano
con sus campos y ríos
que no sabemos, cráteres y ojos.
Pintura repujada, giradora, platos
y muchos voladores ardiendo de escrituras
en negro puro,
en grises plateados,
en azules metálicos y tierras
achicharradas, rojos violentos,
minas de acero y de carbón y oro
y blancos naturales
de un andaluz febril y vagabundo
por espacios perdidos...
Y además de otras cosas.

A Pepe lo conocí como jovencísimo escenógrafo de la compañía de teatro popular La Barraca, que dirigía Federico García Lorca, y con el que recorrió diversos pueblos y ciudades españolas. Se encontraban los dos en Santander cuando un toro, *Granadino,* mató a nuestro inolvidable Ignacio Sánchez Mejías, contra el estribo de la barrera, en Manzanares. Era un muchacho extraordinariamente bien dotado para la pintura, con un gran sentido de la escenografía teatral. Alto, moreno, de gran presencia física. Fue durante toda su vida un trabajador admirable, casi ejemplar, siempre rodeado de perros por los que sentía, como yo, un desmesurado amor. De entre ellos recuerdo al agitado *Nono,* con el que vivía plenamente unido en su casa de Alcalá de Henares, casa verdaderamente saludable y poética, a orillas del río Henares, alternando su estancia allí con su finca malagueña de Marbella.

El *Nono*, ciego ya en sus últimos días, lo acompañaba en todo momento, Pepe era ahora su lazarillo, jugando con él sobre el césped de su cuidado jardín. A este perro, fiel, leal y alborotado, yo le escribí un poema que emocionó mucho a su dueño:

Nono, tú no estás ciego.
Tú ladras a los bellos paisajes
que no te ven. Adviertes
a las flores, a las nubes, a los pájaros,
al agua del estanque,
a la mesa tranquila en que tu amo
pinta, dibuja...
Tu ladrido está en todo.
Es tu mirada, Nono,
porque tú no estás ciego.

Desde hacía años, Pepe sufría una grave enfermedad que iba minando sus cuerdas vocales hasta hacerle casi imposible la palabra. Él, que había sido un gran conversador, sufría mucho viendo cómo cada vez le era más difícil hablar. Aun así, cuando iba a verlo se esforzaba por estar alegre, por expresarse con la palabra, y logró hacerlo ayudado de un aparato que le permitía, con dificultad, participar en la conversación de la manera más animada. Pepe era un ser de una gran ternura, sonriente, extremadamente sociable, muy amante de su patria onubense que con tanta pasión dibujó, llevándola a sus *Cuadernos de Huelva,* en los que yo puse mi palabra. Además de excelente pintor y dibujante, era un interesante escritor, lleno de la ligereza y gracia de su tierra andaluza.

A su lado, desde los tiempos de su juventud, estuvo siempre su gran amor: María Fernanda, colaboradora incansable e inspiradora suya constante, que no se separó de él ni un solo momento durante su larga enfermedad, ayudándole a vivir, cerrándole los ojos en el último instante. Su última gran exposición, proyectada con tanta ilusión, nunca llegó a realizarse por una serie de injustos y absurdos impedimentos políticos que precipitaron su desánimo para seguir viviendo.

Desde Huelva me invitaron a visitar Moguer, cuna de otra gloria, pero ésta de la poesía: Juan Ramón Jiménez, maestro excelso de algunos poetas de la generación del 27. Allí conocí su casa, que me produjo una intensa emoción, en ésta se contaba su vida, la historia de sus muebles, su cama, sus ordenadas mesas y sillas, sus trajes y sus libros, entre los que encontré alguno mío dedicado a él. Y también la cuadra, en donde pasaba sus noches *Platero,* el burrillo mágico que dio origen a uno de los libros de más bella prosa de la poesía andaluza, esa que Rubén Darío elogió tanto, descubriendo una tristeza honda, personal, sobre la que escribió un delicado y precioso ensayo. La verdad es que la prosa salida de Andalucía de la voz de Antonio Machado, Juan Ramón Jiménez y García Lorca no puede ser más temblorosa y personal, más ensalzada, la más original de la poesía española.

A mi vuelta de Huelva, camino de El Puerto de Santa María, creí distinguir cruzando la carretera un lento camaleón que me miró tristemente, mientras me pareció que me guiñaba misteriosamente uno de sus triangulares y bellos ojos.

Yo siempre he dicho que soy un poeta en la calle, y lo he demostrado desde que era muy joven. Parte de mi obra más comprometida la englobé hace años bajo ese título. Y a pesar del tiempo transcurrido me paso la vida viajando, cansando a la gente mucho más joven que tengo a mi lado.

Durante este año he recorrido de nuevo Argentina, Uruguay, Chile, Cuba, México, Italia, lugares a los que ya no pensaba volver de nuevo... Y he estado en las ciudades y sitios más insospechados de España. Esta última semana, por ejemplo, participé en las jornadas *En torno a Luis Buñuel* que se celebraron en Teruel bajo el nombre de *Retornos de lo vivo lejano,* título de uno de mis libros de poemas más queridos, del que hice una selección para el recital que di en la clausura de estos actos sobre el surrealismo. Todos esperábamos la presencia de José –Pepín– Bello, y lamenté muchísimo que no pudiera asistir, pues él, en verdad, hubiera sido la auténtica alma del surrealismo aragonés durante aquellos días. Paco Ibáñez, singular siempre, participó también con sus canciones y nos prometimos de nuevo reanudar nuestros gloriosos y añorados recitales.

Desde Teruel, un chófer zaragozano, simpático y generoso, nos condujo en su potente coche al día siguiente a Madrid, por lo que a los 300 kilómetros de curvas hechos el día anterior hubimos de sumarles 300 más. Veinticuatro horas de descanso en Madrid para deshacer el equipaje y volverlo a hacer para volar hacia Sevilla, en donde José Luis Pellicena estrenaba *Entre las ramas de la arboleda perdida.* La valentía y profesionalidad de Pellicena al hacer de Alberti delante del propio Alberti me siguen impresionando como el primer día que le vi representar mi vida sobre un escenario. A pocas horas del estreno me puse a escribirle a José Luis unos versos que, por la premura del tiempo, me hicieron recordar aquellos que escribí en 1921, cuando Ignacio Sánchez Mejías me encerró bajo llave en el hotel sevillano, sin pan ni agua, para que concluyera «Joselito en su gloria», al celebrarse el aniversario de su trágica muerte.

Esta vez no me encerró nadie y gratamente acompañado, con la Giralda al fondo de la amplia terraza le escribí a este gran actor que iba a ser mi espejo esa misma noche ante un público entusiasta:

José Luis, aquí te veo
y veo mi propio yo
y, aunque parezca que no,
me veo en ti y me recreo.

Estoy bello, estoy audaz,
con toda la calidad
con que me ves y me veo.

Me doy las gracias, las doy
a ti, José Luis, que hoy
con tanta luz me enalteces.

Por ti yo soy, yo resueno,
de tu gracia yo me lleno
y tu infinito talento.

Crezco contigo, me creces,
me llevas a cumbres altas,
como gran actor me exaltas
y admiro como mereces.

De la mágica Sevilla viajé a El Puerto de Santa María, visita obligada y deseada a mi mar siempre que voy por Andalucía. Y en este momento en que escribo *La arboleda perdida* me encuentro de nuevo en un avión –creo, sin modestia alguna, que no hay otro poeta de mi generación que haya viajado más por el aire y que haya hecho más propaganda de ello–, volando hacia Madrid, ya que mañana se lleva a cabo en el Ministerio de Cultura la presentación del Instituto del Teatro Internacional del Mediterráneo, del cual soy presidente y que José Monleón, incansable siempre en su amor al teatro, dirige. Yo también amo mucho el teatro, como bien demuestra mi obra dramática. Y por si la jornada tenía poca actividad, por la noche me espera una cena para celebrar con antelación la boda de mi imparable amigo Gonzalo Santonja con la rubia catalana Juncal. Y al día siguiente... En fin, para qué seguir.

Pero a pesar de mis innumerables viajes, me gusta mucho recibir a cenar en casa a los amigos. Por cierto, que hace varias semanas que no nos visita mi queridísimo y viejo amigo el editor Jacobo Muchnik, cuya asiduidad para degustar huevos fritos con patatas los viernes por la noche se ha visto interrumpida por mi enloquecida agenda de viajes. Jacobo, amigo desde aquellos días difíciles y felices en Buenos Aires durante los que tú tanto nos ayudaste, amigo siempre, brillante y ameno conversador recuperado nuevamente para las tertulias hogareñas en mi casa de Madrid, que tanto me hacen recordar a las que pasamos junto a las ya desaparecidas María Teresa y Elisa, a la que nunca he olvidado:

Elisa, estás en Roma, en Buenos Aires,
en París, en nosotros. Te queremos.
Dulce y fuerte que eras. No te has ido.
Es de noche en el mundo. Vuelve, vuelve.
Te recordamos bella y luminosa,
¿qué motivo has tenido para irte?
Si estás aquí, no veles tu presencia.
Habla, llora, sonríe. Te esperamos.

Suena el teléfono, el contestador automático no funciona. Peligro. ¿Salamanca, Haití, Alcorcón? Si lo descuelgo, me arriesgo a tener que volver a preparar el equipaje. Aunque las maletas, como ya escribí hace tiempo en mis *Versos sueltos de cada día,* «se van antes que uno».

En la plaza llamada de Isaac Peral, en El Puerto de Santa María, había una papelería en la que, cuando chico, compraba todos mis cuadernos, tanto para escribir mis tareas escolares como para realizar mis primeros dibujos. Esa plaza, en la que se encontraba entonces el Ayuntamiento, de bellísimas araucarias y en donde se cimbrean las palmeras más altas de la ciudad, presididas por un busto del injustamente asesinado autor de una de las obras más divertidas e ingeniosas del idioma, *La venganza de don Mendo,* don Pedro Muñoz Seca, aún ahora conserva su ilustre nombre: plaza de Isaac Peral.

Yo siempre creí, incluso después de haberme venido a vivir a Madrid, que el famoso inventor del submarino era una de las glorias de El Puerto. Mucho más tarde me enteré, con asombro, de que este hombre universal había nacido en Cartagena, la ciudad que desde siempre registra el nombre de su gloria, aunque fue en San Fernando donde vivió y desarrolló su extraordinario invento.

¡Cuántos pequeños submarinos de juguete habremos construido de muchachos para intentar hundirlos en el agua! La idea de descender al fondo del mar fue ya desde pequeño, para mis amigos y para mí, un sueño grandioso, y pasábamos parte de nuestro tiempo haciendo submarinos en miniatura, sobre todo porque creíamos con orgullo que Peral era un inventor nacido en nuestro pueblo y que por eso le habían dedicado aquella plaza.

Durante toda mi vida he llevado en mi memoria la imagen de Isaac Peral con inmensa admiración y simpatía. Ése fue el motivo de que aceptara gustoso la invitación de los «murcianos de dinamita», como líricamente los llamó Miguel Hernández en aquel tembloroso poema que tantas veces he recitado, para festejar la insólita llegada a Sevilla del auténtico submarino Peral, con un recital compartido con la gran actriz Asunción Balaguer y su marido, el inimitable Francisco Rabal.

¡Qué fantástico imaginar el recorrido del submarino, desde su jardín murciano, en el que vivía varado como un inesperado adorno, por las carreteras españolas con sus casi 50 toneladas de peso sobre el inmenso remolque de un camión, coreado y admirado por los niños de los pueblos que lo vitoreaban al pasar, hasta anclar triunfante en Sevilla, frente a la hermosísima Cartuja! Es, sin duda alguna, el personaje más sorprendente y fantástico de la Expo.

Siempre los murcianos me han dispensado una cariñosa acogida, ya desde la publicación de *La Verdad,* periódico que dirigía nuestro amigo Juan Guerrero Ruiz y en el que Juan Ramón Jiménez me introdujo. Allí también colaboraron compañeros de mi hoy famosa generación poética. En esta ocasión, Sevilla estaba repleta de murcianos venidos para celebrar tan insólito acontecimiento. El presidente y el consejero de Cultura de la Comunidad de Murcia, el alcalde de Cartagena, el encargado del pabellón murciano, las simpatiquísimas y conversadoras nietas de Isaac Peral, junto a otros hijos ilustres, entre los que eché en falta, seguro que por su intenso trabajo, a mi amigo José Manuel Garrido, aunque sí estaba Alfonso Riera, que rompió su discreción habitual con un efusivo abrazo.

El alcalde de Cartagena me regaló un voluminoso y documentado libro titulado *Isaac Peral, su obra y su tiempo,* escrito por Erna Pérez de Puig, libro utilísimo, en donde he ido descubriendo, una vez más, la injusticia de la que es capaz este país con hombres como Peral, que tuvo que soportar tantas humillaciones, envidias y sabotajes por parte de sus propios compatriotas. Ha sido emocionante para mí saber que fue un navegante incansable en 32 buques de sonoros nombres: *Numancia, Neptuno, Blanca, Sirena,* desempeñando todo tipo de trabajos marineros hasta llegar a ser comandante del submarino que llevaba su propio apellido.

El recital resultó casi un hermanamiento entre murcianos y andaluces, y fue recibido por el público de manera entusiasta. Para finalizar, Rabal leyó unas festivas *Coplas al submarino,* que él mismo había compuesto con la gracia aprendida en los «trovos de su tierra». Decían así:

¿Fue en Cádiz o en Cartagena,
en El Puerto o Arsenal?
Todo ha sido una cadena: Peral nació en Cartagena,
y en El Puerto, la faena
del submarino Peral.
Pero yo a ti te conmino
y pregunto, Rafael,
en la mitad del camino.

Sevilla... ¿Dónde fue aquel
milagro del submarino?
En Cartagena o El Puerto.
¿Dónde nació la sencilla
idea de ir como un muerto,
bajo el mar y una mirilla?
Lo que desde luego es cierto
es que hoy se encuentra en Sevilla.

Versos a los que yo añadí, con énfasis y falso aire de improvisación: «¡Qué maravilla!».

Mientras escribo, me llega, de improviso, la visita de Hans Meinke, director del Círculo de Lectores, que nos trae una magnífica edición de mi libro *A la pintura,* y otra de *Homenaje a la pintura,* selección de versos míos manuscritos, entre los que se encuentra el poema «Negro Motherwell», que escribí en 1980, ilustrados por el gran pintor norteamericano Robert Motherwell, fallecido recientemente, con el que me unía una gran amistad rebosante de admiración. Me llena de emoción, ahora que él ha desaparecido, el recibir otra vez su generosa colaboración pictórica, reproducción de los magníficos grabados que dejé guardados en mi casa de Roma en aquel voluminoso estuche de madera clara que Motherwell me envió, conocido por todos los amigos que me visitaban en la Via Garibaldi y que la persona que ocupa hoy mi casa dice no encontrar...

Poco se ha hablado de mi entrañable amistad con Vicente Aleixandre. Y, sin embargo, yo conservo una abundante correspondencia suya y un purísimo recuerdo de nuestra juvenil y clara amistad. Hombre íntegro, Vicente, que encerrado en su casa, soportó con envidiable dignidad el régimen franquista, creando un mundo poético abierto siempre a las nuevas generaciones.

Ignoro por qué se ha hablado tan poco de nuestra relación e, incluso, por qué yo no lo he citado más cuando, sin embargo, guardo intacto su recuerdo y he cerrado con un poema dedicado a él mis *Retornos de lo vivo lejano:*

> *¿Dónde estás tú, mi amigo,*
> *de dónde vienes tú, desde qué fondo*
> *de los años me llegas,*
> *en este mediodía tan distante*
> *de aquellos otros o de aquellas noches*
> *en las que te encontraba,*
> *alto, pulido y rubio,*
> *ya como en busca de lo que iba a darte*

con el tiempo esa voz en la que alienta
todavía el verdor claro de entonces?

Han pasado las cosas. Han caído
mares de oscuridad, negros telones.
Precipitadas nieblas en derrumbe
nos han ahogado hasta quedar algunas
sangres preciosas sepultadas. Óyelas,
como yo las escucho, aquí, tan lejos,
tanto, que con las manos puedo, a veces,
tocarles el sonido...
Sí, han pasado,
han pasado las cosas. Pero mira:
siempre la muerte retrocede, siempre
sus yertas oleadas ceden paso
a esa doliente luz donde se abre,
niño feliz de espuma azul, la vida.

Y así, mi amigo, ahora,
en este mediodía tan distante,
de sol subido en las mecidas cumbres
de los bosques, de pájaros, de cielos,
de estas involuntarias extensiones
que hace tiempo me habitan, tú me llegas,
nuevo otra vez, reverdecido y joven,
como si tantos años sucedidos
hubieran sido únicamente un día,
sólo un día sin sombras.
Que tus soles
venideros no pasen y, altos, sigan
penetrándote siempre
de igual temblor para que en mi retorno
tu misma luz de hoy pueda hablarme.

Vicente, desde la lejanía, y al cabo de tantísimos años de no vernos, recibió con emoción mis versos: «¡Qué hermoso, qué emocionante poema has escrito para mí! Me llegó al corazón cuando lo recibí...». «Sí, un Retorno como una onda de vida revivida, inundadora [...]» «Con mucha gente hablo de ti, porque para todos estás presente, pero especialmente con Amparito y Gabriel, que no te han visto todavía con los ojos, pero te adoran. En *Caracola* vi el precioso soneto que les hiciste y que ya me habían enseñado en el ejemplar delicioso que les compusiste e ilustraste y del que estaban tan orgullosos.» «Yo he cumplido sesenta años, "¡Un niño!", decía Jorge que acaba de cumplir sesenta y seis, y así sucesivamente. Pero todos jovencísimos. Por lo demás, abrazos, gracias, gracias, Rafael, por tu poema, tan palpitante, tan comunicado y a María Teresa muchas cosas y a ti un gran abrazo sin años y con todos los años. Vicente.»

Tres años después, cuando en Buenos Aires preparaban la celebración de mi aniversario, escribió desde Madrid:

«Ruego a Uds. me tengan por presente en el homenaje que se rinde, en su 60 aniversario, al grande y querido Rafael Alberti, mi compañero inolvidable, honor de España y de la mayor poesía de nuestra lengua.

Con un apretado abrazo que le envía de todo corazón

Vicente Aleixandre»

Tampoco he olvidado nunca el sincero afecto de Celaya, mi buen Gabriel Celaya, bondadoso como su arcángel, valiente como pocos poetas. Sus versos llameaban en los labios de todos los que luchaban contra la dictadura, desde los del humilde obrero al intelectual más comprometido. Y a su lado, inseparable siempre, en momentos tan difíciles y sacrificados como aquellos, Amparitxu fundió su vida a la de Gabriel en una incesante lucha por rescatar las libertades arrebatadas.

Hermano Gabriel, sigo escuchando tu voz que la muerte no ha podido empañar, sigo viendo con solidario orgullo tu puño alzado contra la injusticia, la transparencia de tu mirada...

Amparo dulce y buen Gabriel, hermanos
por encima del mar, y por encima
de lo que tanto y tanto nos lastima,
cada día más míos, más cercanos:

Venid, llegad, cerrémonos las manos,
que un claro viento nuevo nos reanima
y hasta la sangre, en lo que fuera sima,
sube creciendo derramada en granos.

Se empinaron un alba los más yertos,
los más helados lívidos oscuros,
para que todo sepultura fuera.

Mas no están muertos los que estaban muertos
ni están vencidos los doblados muros,
y está verde otra vez la primavera.

La gran orquesta de laúdes españoles Roberto Grandío que dirige Pedro Chamorro fue llamada para que diera un concierto acompañado de mis poemas en una sala de la ciudad bilbaína de Algorta. Era la primera vez que yo hacía en el País Vasco un acto de esta importancia, aunque hace unos años había dado un recital en Bilbao y poco después asistí con María Asunción y mi muy querido amigo Marcos Ana al Festival de Cine de San Sebastián, en donde coincidí con Libertad Lamarque, a la que desde mi exilio argentino no había vuelto a ver, y con la increíble Bette Davis, como ya he contado páginas atrás.

Este recital con los laúdes, *Aire y canto de España*, es una de mis actuaciones preferidas, pongo en ellas la misma apasionada ilusión que ponen los jóvenes y arcangélicos músicos con los que he recorrido ya tantos lugares. Mi colaboración con ellos comenzó hace ocho años con la *Invitación a un viaje sonoro*, rememorando aquellos otros lejanos que realicé en Argentina con los hermanos Aguilar. Durante los primeros años de colaboración, Grandío era un magnífico cuarteto de laúdes que, bajo la sabiduría de Pedro Chamorro, se ha convertido en la única orquesta de instrumentos de púa profesional que existe en nuestro país, con 18 intérpretes, algunos de los cuales parecen todavía colegiales por su poca edad. El día del concierto hubo un multitudinario auditorio, que escuchó atentamente a los laúdes acompasando los poemas de Alfonso X el Sabio, romances moriscos, letrillas clásicas, hasta llegar, pasando por madrigales del siglo XVIII, a emocionadas rimas de Bécquer, poemas de Antonio Machado, Juan Rámon Jiménez, Lorca y míos. Todos ellos alternados con la música de Luis de Narváez, Antonio de Cabezón, el padre Soler, Enrique Granados, Manuel de Falla y Joaquín Turina, entre otros. Una vez más descubrí algo que siempre he sabido: el gran sentido musical que poseen los vascos, presente ya en los desafíos entre los «versolaris», esos bardos, cantores populares, sólidas raíces de la afición a la poesía y a la música de este país.

Durante nuestra estancia allí vivíamos en Getxo, en un acogedor hotel, cuya habitación tenía una espléndida ventana que cuadriculaba una playa perfecta que llenó de belleza nuestra breve vista, con una mar maravillosa por la que se deslizaban frágiles veleros, y frente a la que corrían niños con graciosos perros que ponían como una greca movida, decorada por una arena brillante.

Unos días más tarde me trasladé a Cádiz para presidir el fallo del jurado del Premio Nacional de Poesía Rafael Alberti que, por segunda vez, ha recaído en una mujer, sevillana por cierto, con un libro que se titula *Museo interior.* Me llena de satisfacción que sea una mujer a quien todavía no conozco quien gane este premio que lleva mi nombre.

El próximo día 16 cumplo ochenta y nueve años. Casi un siglo. El Ayuntamiento de El Puerto creo que está organizando con mucho cariño una fiesta para celebrarlo. En mi última visita allí, hace unos días, comenté mi deseo de que no se gastara ningún dinero con ese motivo, pero he tenido que aceptar ante la generosa evidencia de las subvenciones que diversas entidades han ofrecido. En el programa de actos culturales para el pueblo gaditano se encuentra *A galopar,* recorrido que hacemos Paco Ibáñez y yo a través de la poesía española. Paco se halla en París, desde donde, de manera desinteresada e ilusionada, se trasladará a El Puerto para festejar mi cumpleaños.

Mis ochenta y nueve años frente al mismo mar, casi inmóvil, de siempre. Cuando estoy frente a él en la desembocadura del río Guadalete, nunca puedo dejar de pensar en la llegada de los árabes, en su lucha con los visigodos, y en que este mismo rumor que yo hoy escucho es el mismo que escucharían ellos el día de su batalla. Este sonido eterno del mar, hoy calmo, anterior a los fenicios, me hace recordar el terrible ciclón, la furiosa tempestad que destruyó ante mis ojos, hace unas semanas, magníficas palmeras de la playa. Ahora, a mis ochenta y nueve años, recorro otra vez las mismas calles de mi ciudad, las playas de mi bahía, más despacio que cuando las atravesaba con la enloquecida y recordada *Centella.* Pero es el mismo paseo de aquel muchacho, con una vida detrás repleta de sobresaltos y lejanía, de añoranzas y esperas, de nuevo con la mirada puesta por las mañanas en ese reloj de la iglesia Prioral que hoy, por vez primera en más de cuarenta años –gracias, Hernán–, está en marcha, marcando implacable las últimas horas de mi vida...

Me llaman de televisión para pedirme que felicite a todos los andaluces en la fiesta de Nochevieja para despedir con alegría 1991... Un año en el que tantas cosas por las que muchos hemos luchado se han venido abajo, después de tanto esfuerzo, tanta sangre y tanta tinta vertida para construirlas... ¿Qué podría decirles? Sólo se me ocurre desearles que este próximo año sea para ellos tan feliz y sereno a nivel personal como el que va a finalizar lo ha sido para este joven de ochenta y nueve años que aspira a no morirse nunca.

En 1935, indignado ante el avance imperialista yanqui e influido por el recuerdo de los ritmos habaneros que mi madre interpretaba al piano cuando yo era chico y por el aire cubano que soplaba por Cádiz, escribí un poema, perteneciente a mi libro *13 bandas y 48 estrellas,* en el que introduje fragmentos de canciones habaneras en una especie de inesperado *collage.* Decía así:

Cuando mi madre llevaba un sorbete de fresa por sombrero
y el humo de los barcos aún era humo de habanero.

Mulata vueltabajera...

Cádiz se adormecía entre fandangos y habaneras
y un lorito al piano quería hacer de tenor.

...dime dónde está la flor
que el hombre tanto venera.

Mi tío Antonio volvía con aire de insurrecto.
La Cabaña y El Príncipe sonaban por los patios
de El Puerto.
(Ya no brilla la Perla Azul del mar de las Antillas.
Ya se apagó, se nos ha muerto).

Me encontré con la bella Trinidad...

Cuba se había perdido y ahora era de verdad.
Era verdad,
no era mentira.
Un cañonero huido llegó cantándolo en guajira.

La Habana ya se perdió.
tuvo la culpa el dinero...

Calló,
calló el cañonero.

Pero después, pero ¡ah! después
fue cuando al sí
lo hicieron yes.

Qué lejanos ya aquellos días repletos de imágenes cubanas, sobre todo la de nuestra tata, aquella popular y guapa mulata habanera, de la que no alcanzo a recordar si su nombre era María, y que cuidó los primeros años de mi infancia portuense. Cuba siempre tuvo para mí un significado muy especial, y su interés aumentó desde el primer viaje que realicé allí con María Teresa en el año 1935, y más tarde en 1960, cuando ya había triunfado la Revolución castrista. Ahora ya ha desaparecido Nicolás Guillén, el gran poeta negro, amigo entrañable, con el que en esta misma ciudad di varios recitales con un inmenso éxito y en medio de un sofocante calor.

¡Nicolás! Qué cerca te siento todavía... Hace unas semanas volví a releer aquella carta que nos enviaste en el año 59 desde Camagüey, con ese comienzo inconfundible: «Rafaeles y Mariateresas...». Incansable, recorrías la isla como responsable de propaganda. Carta inolvidable... «Vine a ver a mi viejita. Ochenta y cinco años. Pero está fuerte. Y más lo estaría, de no haber sido lo que sufrió todo el año pasado, cuando la policía decidió que mi sobrino tenía unas espaldas sólidas, donde colocarle con espantosa seguridad una buena ración de vergajazos. Estuvo preso y a punto de pagar con la vida el sobrinazgo.» [...] «Visto de cerca, Fidel Castro mejora, si ello es posible, la excelente impresión que da visto de lejos. Me parece un hombre valiente, audaz, temerario, dispuesto a llevar lejos lo que se ha conquistado y que no le tiene miedo a que le llamen "rojillo" o rojo de una vez, cosa que por supuesto no es.» [...] «Dos años en la Sierra les hizo crecer el pelo de la cara y la cabeza, lo cual les da un aspecto tan anacrónico como romántico. Parecen contemporáneos de Espronceda. A esto deben añadir ustedes que su comportamiento es impecable: amables, finos, correctos, sonrientes, son el polo opuesto del bárbaro ejército de Batista.» [...] «El "confrère" [se refiere a Pablo Neruda] sigue en Caracas, pero me temo que salte a La Habana. Ya vi una foto saludando muy serio a Fidel, en Caracas, y unas declaraciones en las que pone "su poesía" al servicio de la libertad de Cuba y en las que dice además que cuando se escriba "su" biografía, pedirá que pongan en ella que "su" mayor placer, el honor más grande de "su" vida (y de bajada...) fue el haber dado "su" mano a Castro.»

Todavía recuerdo que durante el primer viaje, María Teresa y yo visitamos juntos la cárcel de mujeres, las mismas que cincuenta y seis años después vinieron a abrazarme, llorando, en plena calle, cuando me dirigía a un recital. En la prisión de El Príncipe, abrazamos también al poeta Regino Pedroso y al escritor Juan Marinello. Todos ellos presos políticos bajo la dictadura de Batista.

Durante mi tercer viaje a Cuba, la acogida del pueblo fue muy emotiva, ese pueblo que con su gracia y acento tanto me recuerda al gaditano. Volví a sentirme como entre los aires de mi propia casa, me impusieron las condecoraciones más destacadas del país, desde la Orden José Martí hasta nombrarme huésped ilustre de la ciudad de La Habana, de la que recibí las llaves. En la Universidad, en la que María Asunción había dado dos conferencias sobre mí días antes, durante un acto fraternal y nada académico en el que se encontraba Fidel Castro, me nombraron doctor *honoris causa*. Di recitales en las plazas abarrotadas de gente, en la Unión Nacional de Escritores, en el Palacio del Segundo Cabo... Visité la Casa de las Américas, el centro Alejo Carpentier, la finca La Vigía, en donde vivió Hemingway, entusiasta amigo de Cuba, y que despertó en mí tanta honda nostalgia de los días que pasamos juntos durante nuestra Guerra Civil.

María Asunción, que ama también tanto a Cuba, entrevistó a Fidel y Raúl Castro para una conocida revista española. Entrevistas valientes y comprometidas que tuvieron gran eco en un difícil momento para la isla.

Hoy que casi el mundo entero vuelve la espalda al régimen cubano y que se han levantado en torno a la hermosa Perla Azul de las Antillas en un bloqueo tan injusto como desolador, quiero alzar mi voz nuevamente para defender lo que en estos momentos parece casi indefendible y vergonzoso: que el pueblo cubano, paradójicamente el más independiente que hoy existe, pueda seguir adelante con esa arriesgada y homérica hazaña que el comandante Fidel Castro comenzó hace treinta y dos años. Sé que esto que digo levantará muchas opiniones en contra, que hay quien comentará que estoy anclado en una visión idílica del régimen castrista... que la verdad es otra.

Pero yo, y creo que no estoy solo, sigo creyendo en la realidad que Fidel construyó para su pueblo y que ningún otro país latinoamericano ha tenido. Por eso, quiero ahora transcribir unos versos dedicados al comandante, que le dejé escritos en una gran cartulina en La Habana. Quiero repetirlos, porque deseo que el poema, aunque breve, figure en las páginas de mis memorias como un sentido y fervoroso homenaje:

Desde mi mar gaditano
llegue a tu mar habanero
a decir cuánto lo quiero
y cuánto quiero con él
al gran pueblo que Fidel
ama, alumbra y representa
dispuesto a morir por él.

Que como la libertad,
el hombre cuando está vivo
en la luz no tiene edad.

Y yo estoy vivo, aunque viejo,
y nadie me va a decir
que soy ya un muerto pellejo.

Y como la luz, yo entiendo
que cuando va a anochecer
ya está casi amaneciendo.

Y mientras arda la luz,
negros o albos los cabellos
arderá la juventud.

Estos versos son de mi polémico libro *Coplas de Juan Panadero.* Hace ya mucho que los escribí, pero a estas alturas de mi vida en las que algunos parecen ya casi haberme enterrado (tal vez porque resulta muy molesto que uno tenga el valor de empeñarse en vivir tanto tiempo) sigo pensando exactamente lo mismo. Yo quiero repetir que, con más años, sigo siendo aquel

> *...hombre de la madrugada*
> *comprometido con la luz primera.*

Más viejo, sí, claro, pero todavía vivo para retomar el hilo nunca abandonado de mi *Arboleda,* desplazarme de una punta del mundo a otra para dar recitales y pasarme horas y horas pintando, desde esta siempre incomparable bahía gaditana que yo bauticé un día como la «bahía del ritmo y de la gracia».

El despertar del año 92 comenzó para María Asunción y para mí en La Habana. Era la segunda vez, con apenas un año de diferencia, que visitábamos juntos la siempre querida e inigualable Cuba. Era mi cuarto viaje a la bellísima isla del Caribe, pero esta vez en una visita privada. En el aeropuerto nos esperaba mi hija y mis dos preciosas nietas, Altea y Marina. De nuevo el afecto sincero de Fidel y Raúl Castro y el de su mujer, la dulce Vilma Espín, y de todos cuantos nos rodearon. Coincidimos allí con el inimitable Antonio Gades, cubano casi en adopción, que pasa en Cuba frecuentes temporadas y con el que compartimos divertidas charlas. Y con Adriana Arce, argentina, aunque casi cubana de adopción, cuya sonriente vitalidad nos contagiaba a todos en cualquier momento.

Un viaje de placer en la isla que, castigo de Dios pensará más de uno, se truncó en una hospitalización matrimonial que me hizo estar dos meses con la dichosa pierna escayolada de nuevo. Alarmada por las confusas noticias que llegaban a Madrid sobre nuestra salud, la lindísima Marta interrumpió sus estudios en el instituto para acudir junto a su madre y a mí. Benéfica visita que llenó de ternura y ánimo nuestra ya larga espera para llegar a España. Mientras tanto David, su dulce y alborotado hermano, seguía con telefónica inquietud desde Valencia nuestra evolución clínica. Hoy, a pesar de que esta vez fue más grave el percance, una rotura de peroné, vuelvo a caminar apoyado con mi ya inseparable bastón, en una prodigiosa y rapidísima recuperación que sorprende a todos, después de aquella otra, lentísima, que tanto me hizo desesperar hace unos años y sobre la que tanto me lamenté dando lugar a mi librito *Accidente.*

El regreso de Cuba a Ora Marítima, nuestra casa de El Puerto de Santa María, después de casi tres meses de ausencia, fue uno de los más gratos que pudiera imaginarse, pues la gran sorpresa resultó ser que *Juan Gris,* nuestra gata, había sido madre de cinco gatitos maravillosos que ella cuidaba con esmero dentro de un confortable cesto de mimbre. La familia portuense ha ido aumentando día a día, y mientras esperamos la llegada de una tortuga para que pasee por el amplio jardín, a la primogénita *Juan Gris* se le han sumado *Georgina* y *Centella,* dos perras imparables y atropelladas cuyo máximo afán es cruzar vertiginosamente la casa de parte a parte, rebosantes de barro hasta el hocico, aprovechando mi ensimismado despiste cuando dibujo.

A este coro animal se le ha unido la presencia emplumada de *Cocorito,* un loro muy hablador y original que con frecuencia interrumpe las conversaciones más serias con su personal versión silbada de *La Marsellesa,* aunque me estoy planteando que en estos momentos de deserción sería muy importante enseñarle *La Internacional,* para que al menos no caiga en el olvido.

Cocorito ha sabido crearse en la casa un espacio propio, repite su nombre una y otra vez con insistencia y en cuanto advierte que vamos a comer lanza en los tonos más diversos y entonados su frase preferida: «¡Qué ricoo! ¡Qué ricoooo!», sin importarle un ápice la categoría del invitado de turno. Porque nuestra casa se ha convertido de nuevo, felizmente, en una casa siempre abierta a los amigos, y en palabras de nuestro querido y angelical Marcos Ana deberíamos cambiar su nombre por el de Posada Marítima. Durante todo el verano, además de su compañía hemos tenido la alegría de recibir aquí a amigos tan queridos como a la infatigable Olga Moliterno y a José Luis Pellicena-Alberti, a Núria Espert, mi gitana preferida, a Manolo y Mary Rivera, tan divertidos y ocurrentes siempre, al muy dotado Paco Rabal y a su entrañable familia, a Paco Ibáñez, dispuesto siempre «A galopar», a la incomparable Montserrat Caballé, al constante emprendedor Hans Meinke, al poeta romano Elio Fiore, a la rubísima y decidida Helena Bianco, a Gonzalo Santonja que, en estrecha colaboración con Juncal, ha dado a Miguelito una preciosa hermana, a María Luisa y José María de la Torre, editores y ejemplares personas, a Roberto Otero, perfecto navegante y mi yerno de siempre... Y tantos otros.

Pero a quien seguimos esperando con los brazos abiertos -siempre se lo decimos por teléfono cuando reclama imperiosamente nuestra presencia en Madrid- es a Jacobo Muchnik, para celebrar nuestro ritual de los viernes noche: degustación de huevos fritos con patatas, que María Asunción cocina con tanto esmero y paciencia. La próxima vez que nos reunamos voy a leerle este poema que he encontrado entre mis papeles y que le escribí desde Roma, en desagravio por no acudir a Niza, en donde esperaba un premio:

Querido Jacobo Muchnik:
cuando te hablé por teléfono,
sentí tu tonante furia
soplar más fuerte que el viento.
Para aplacarla, si cabe,
por aplacarte, si puedo,
te repetiré en romance
–ni viejo nunca ni nuevo–
quién ha tenido la culpa
de que ni en alma ni en cuerpo
me tenga Niza presente
en la entrega de ese premio.
La culpa es de otra ciudad
y éste es su nombre: Viterbo.
Y aunque también en gran parte
la culpa yo me la tengo
por volver a ser pintor
a una edad en que primero
que meterme a pintar monas
debiera pintarme el pelo.
Te digo que con Picasso,
pues que Picasso no ha muerto,
con Joan Miró y con Ortega
alternara este torero,
ya que a la pintura es pica
el pincel y espada al verso
la pluma con que se escribe
y sales del toro ileso.
Para ver esta corrida
tienes reservado el puesto.
Vendrás con Jorge Guillén,
gran matador, gran maestro
que con su Irene del brazo

hará la rueda en el ruedo.
Podrán venir tus amigos,
esos que ahí plantados dejo
con tres palmos de narices
y el mar de Niza por medio.
Vendrán, si es que no me matan
antes con el pensamiento.
Si mil perdones les pido
a cambio de no ser muerto,
a ti, que por sólo verme,
los trajiste de tan lejos,
no te pido mil perdones
sino tres mil cuatrocientos.
Así suceden las cosas,
así esta vez sucedieron.
Nunca pensé que así fueran,
mas cuando se piensan menos
llega una racha de aire
y todo lo tira al suelo.
Pero como sé que vienes
a los toros de Viterbo,
oigo ya un gallo que al alba
está gritando: ¡Te espero!

A mis ochenta y nueve años vivo en esta bahía, incansablemente cantada por mí, una espléndida etapa sólo comparable a las mejores de mi vida, rodeado de auténtico afecto y de marítimo color, con esa joven araucaria recién plantada traída desde Alicante que comienza a erguirse en mi jardín, con esas ramas de álamos machadianos derramándose sobre la ventana frente a la que acostumbro a trabajar. Y, cómo no, con la compañía alegre y enloquecida de David y Marta, mis bellos y motorizados *hijastros* que llenan la casa de feliz alborozo. Con tanta cosa grata a mi alrededor, creo que cuando cumpla mis proyectados ciento quince años y recuerde estos días, ya para entonces distantes, podré volver a repetir de nuevo aquel verso de mis *Retornos de lo vivo lejano:*

Fue la más bella edad del corazón.

Esta mañana me han regalado tres macetas de albahaca. ¡Qué sugerente y fascinante olor, que casi se toca, el que trasmina esta planta! Las he colocado sobre mi mesa de trabajo, muy cerca de mí, para que me rodeara su fragancia. De ellas me llega un olor suave, transparente, un olor que parecía procedente de gente que ya se ha ido y que vivía en otra época, de otra manera. Un perfume que me hace ver personas vestidas de jaique y de turbante. Huele a moros, no a cristianos, a gente como marchándose.

Cuando me encontraba ceñido por este aroma oriental, ha vuelto a Ora Marítima, nuestra casa portuense, Paco Rabal, tan juvenil y divertido siempre. Ha venido a invitarnos al merecido homenaje que le dedica en la Expo de Sevilla el Pabellón de Murcia. De nuevo, hemos recordado nuestra amistad desde hace treinta años, nuestro primer encuentro en el hotel Inglaterra de Roma, las charlas explosivas que manteníamos con Buñuel, sus visitas a Punta del Este, su enorme admiración por la poesía...

Mis constantes compromisos me impedirán acompañarlo en ese próximo día en el que amigos y admiradores alabarán sus grandes méritos como actor. Yo estaré ausente, pero mi voz sonará en estos divertidos y afectuosos versillos que le he escrito esta misma tarde, mientras que dos de mis cinco traviesos gatos me desanudaban minuciosamente los cordones de mis zapatos, sin que yo pudiera evitarlo:

Tú eres el mejor actor
entre todos los actores
y a la vez el ruiseñor
mejor de los ruiseñores.
Yo tengo el más grande honor
en cantarte en este día
Paco Rabal, el mejor
de Murcia y de Andalucía.

Hace muy pocos días he regresado de Jaén, auténtica ciudad de ambiente moruno, cuya geografía también parece oler a albahaca. Ciudad que siempre me trae el recuerdo de los tan populares versos de Miguel Hernández:

Andaluces de Jaén,
aceituneros altivos…

Y esta vez más que nunca, pues la voz de Paco Ibáñez resonó junto a la mía en un emotivo recital que hicimos allí juntos, repitiendo nuestro «A galopar», como ya venimos haciendo, igual que dos muchachos ilusionados, por otros lugares de España con una calurosa acogida por parte del público. Durante la primavera actuamos en Francia, en el Casino de París, y esta vez atravesó los

Pirineos con nosotros, acompañándonos en el escenario, un impetuoso y monumental caballo esculpido en madera. Caballo al que todavía no hemos puesto nombre y que tras su gira artística reposará de su galope en el jardín de nuestra casa, como símbolo de tantas cosas que están vivas todavía. Acostumbramos a cerrar el recital con mi poema «Galope», coreados por un público entusiasta en el que todavía está vivo el espíritu combativo de mis versos. Paco Ibáñez me pide siempre que cante con él en este final, y yo me atrevo a hacerlo, y así galopamos todos unidos durante unos minutos sobre ese «caballo cuatralbo, caballo de espumas» que parece no detenerse jamás.

En estos días de descanso que me separan de mi nuevo y cercano viaje a Argentina, paso muchos ratos contemplando a mi pobre loro. Me emociona y entristece verlo constantemente en su jaula, tan serio, resignado y callado, él que está lleno de gracia y de idioma. Cada vez lo quiero más y lamento esa prisión de hierro que lo somete. Tengo pendiente con *Cocorito* un tierno poema que nunca le escribo con la esperanza de que lo alivie en su injusta prisión. Muchas veces he pensado algo totalmente infantil y no descabellado: viajar a África, de donde procede, y soltarlo en algún frondoso y escondido bosque. Ignoro si allí habrá también albahaca, si olerá a albahaca. Sería muy bello.

En Argentina, a la que nunca imaginé que volvería después de mi largo exilio, estuve el año pasado dando unos recitales durante los que comprobé, siempre me asombro de estas cosas, el cariño y el intenso recuerdo de mi estancia allí, muy difícil de reflejar en estas páginas sin que pueda parecer vanidad de un poeta nostálgico. Pero mi visita dejó honda huella en la vida cultural de Buenos Aires, y eso me estimula de nuevo a subir a un avión, como un «marinero en el aire», y volver a abrazar a tantos amigos que aún tengo allí con la huella del tiempo en el alma. Me anima a hacer este viaje la posible edición de un disco, *El viento que viene y va*, cuya grabación he realizado con Enrique Llopis, cantante argentino de una sorprendente sensibilidad, que ha puesto una bellísima música a varios poemas de mi libro *Baladas y canciones del Paraná*, que yo escribí durante mi vida argentina:

> *Hoy el Paraná respira*
> *con aliento de azahares.*
> *Con el azahar me voy.*
> *No me detengáis.*

El inmenso río que da título al libro, sus barrancas verdes, sus caballos que parecían bordar el campo, el bañado, las iguanas, la quinta del Mayor Loco, don Amarillo ladrando, los paisajes que me rodeaban... Todo ello, junto a la inmensa añoranza de España que me inundaba, dan vida a unos versos de una asombrosa sencillez que hoy, al escucharlos musicados, parecen adquirir su auténtica significación.

Buenos Aires, Rosario, Córdoba, me esperan nuevamente. Esta vez creo que sí será la última, y yo acudo a aquellas tierras como si ellas me aguardaran con la misma fuerza que antes. Mientras espero reencontrarme con aquel olor de azahares, esa noche otoñal gaditana voy a dejar mi ventana abierta, por ver si el aire trae hasta mí un largo y profundo olor a albahaca.

Me llega la sorpresa de que un poema mío, «Martín Vázquez de Arce, doncel de Sigüenza», escrito en 1925, y que casi ya había olvidado, quieren reproducirlo autógrafo en una cerámica para que figure en la estación de ferrocarril de la bella localidad del doncel. Feliz idea que me llena de alegría, pues, al igual que don Antonio Machado y mi entrañable Herrera Petere, siempre he amado los trenes, las estaciones, aunque mi enloquecida vida me ha obligado a viajar en avión.

Me fascina pensar que mi soneto estará allí fijo, inmortalizado en un muro de la recogida estación, ante la despreocupada mirada de los apresurados viajeros que día a día cruzarán frente a él temerosos de perder su tren. Mientras que otros, en esas inevitables esperas que dan cierto encanto a tan antiguo medio de transporte, se detendrán para releer una y otra vez mis versos. Y hasta alguno, aburrido ya de esperar, quizá llegue a aprenderse de memoria el poema y lo vaya recitando durante el viaje.

El precioso mural, realizado por las artesanas manos de Carlos Alonso y María Dehijas en su taller Alfar del

Monte, lo tengo ahora frente a mí en una fotografía. El doncel reposa en su casi levitante postura, con el conocido donaire que lo ha inmortalizado.

Agradezco mucho que mi poema se recuerde hoy, al cabo de tantos años, extraído seguramente de ese interesantísimo libro *Corresponsales españoles de José María Chacón,* de Zenaida Gutiérrez-Vega, que ha llegado a mí a través de Rafael de Penagos que, al regalármelo y mientras revisábamos la cantidad de poemas y cartas inéditas, lamentaba conmigo que el poema dedicado al doncel, al igual que tantos otros, no hubiera sido recogido en ninguna edición de mis siempre truncadas y desafortunadas obras completas. Obras que confío esperanzado algún día se lleven a cabo con toda la atención, la minuciosidad y el respeto que requieren. Aunque María Asunción (¿quién mejor para llevarlas a cabo?) no quiere en estos momentos enfrentarse a tan absorbente tarea.

No me resisto a reproducir el poema que, con juvenil ilusión, envié a mi querido José María Chacón, aquel cubano arcangélico y erudito de dulce carácter, formado en la escuela de Menéndez Pelayo y Menéndez Pidal, con el que por aquellos años de efervescencia literaria juvenil me carteaba casi a diario. Y al que envié mi *Marinero en tierra* –entonces todavía se llamaba *Mar y Tierra (Algas)*– para que lo presentara en el Ministerio de Instrucción Pública al Premio Nacional de Poesía. He aquí mi rescatado poema, que no tengo rubor en reconocer el atractivo que aún hoy para mí sigue teniendo:

Volviendo en una oscura madrugada
por la vereda inerte del otero,
vi la sombra de un joven caballero
junto al azarbe helado reclinada.

Una mano tenía ensangrentada
y al aire la melena, sin sombrero.
¡Cuánta fatiga en el semblante fiero,
dulce y quebrado como el de su espada!

Tan doliente, tan solo y malherido,
¿adónde vas en esta noche llena
de carlancos, de viento y de gemido?

Yo vengo por tu sombra requerido,
doncel de la romántica melena
de voz sin timbre y corazón transido.

Recuerdo que cuando en 1935 se celebraba en La Habana el tricentenario de la muerte de Lope de Vega, José María, que era el presidente de la comisión que realizaba el homenaje, hizo la presentación de mi conferencia.

También he recuperado el texto de una carta de Juan Ramón Jiménez, que yo no conservo, y que en 1977 se publicó junto a otras cartas literarias en un interesante libro. Es estupendo poder recuperar a estas alturas de mi vida cosas de otro tiempo, algunas llenas de encanto, otras, como en el caso de esta carta, de afirmaciones casi de juzgado de guardia por parte del andaluz universal. Porque aunque Juan Ramón ha sido también el más terrible, ya que los comentarios que hace aquí sobre Salinas, Dámaso, Guillén y Bergamín, tan queridos y admirados siempre por mí, no pueden ser más injustos e insultantes. Como la carta ya ha sido publicada, no creo que pueda ofender a nadie que yo la recuerde hoy en mi *Arboleda...*

«Mi querido Rafael Alberti:

Muchas gracias por su libro *Imagen primera de...*, por su nota sobre mí y por su dedicatoria. (No le guardo rencor por revelar mis "observaciones de las casas de hombres ilustres" ni por su nota sobre Salvador Rueda.)

Siempre, Alberti, y a pesar de sus destrezas, le tuve cariño a usted, como le dirían Gustavo Durán y Guillermo de Torre; y si he escrito algo que le haya rozado desagradablemente, siempre con la compensación del elojio justo, ha sido, *conste,* como respuesta. Nunca he atacado a nadie más que respondiendo. Eso se puede comprobar por las fechas.

Lo que me ocurrió a mí con usted, ustedes, los poetas más jóvenes que yo, sigue siendo confuso y no por mi culpa. El hecho cierto es que Pedro Salinas, esa sufrajista encaprichada (por quien hice más que por ningún otro poeta "joven cuando Dios quería"), desde la publicación de *Presajios,* decidió ser el maestro encabezador de no sé qué cosas y se puso a intrigar para enemistarme con todos. Si a mí venía diariamente con cuentos, supongo que iría con cuentos a todos los demás. Cuando el primer viaje que ustedes hicieron a Sevilla, él, que no fue, vino a contarme las *cosillas* feas. Entonces llegaron las *cosas* a un punto en que yo me vi obligado a citar a unos cuantos amigos en la casa misma de Pedro Salinas (Dámaso Alonso, Melchor Fernández Almagro, León Sánchez Cuesta, Juan Guerrero Ruiz, entre otros) y expuse los dichos y los hechos, desenmascarando a Salinas frente a frente. Todos me dieron la razón y me ofrecieron sus firmas, si yo las necesitase. Les di las gracias y les dije que no, que me bastaba con lo ocurrido.

Desde entonces, todo fue de mal en peor. Si yo le dije a Bergamín que no me trajera más a usted, fue porque León Sánchez Cuesta (voz indirecta de Salinas, y un buen infeliz) vino a contarme que usted había sido echado de su propia casa por su propio hermano, etcétera, etc., etc., y que "Salinas creía, etc." Siempre Salinas *creía*.

Es cierto que yo decía de Bergamín las cosas que le decía a él mismo: que se dejara de ensayos largos y que no me escribiera cuanto me escuchaba, porque entonces yo no podría ya escribirlo. Y Salinas y Dámaso Alonso se hartaban de decirme a mí lo mismo que yo decía, pero Salinas había decidido utilizar a Bergamín, como luego a Guillermo de Torre, a Pérez Ferrero, etcétera, como adláteres exaltadores, a cambio de *lo que fuese*. Y figúrese usted a lo que llegarían (de nuevo) las nuevas cosas, que la propia familia de Salinas me prevenía contra el caso. Repetiré siempre que Salinas es el oportunista, el "pícaro mayor" de las letras españolas contemporáneas. Un chulo. Guillén y Dámaso no hacen sino apoyarle y aprender de él hipocresía y sofisma.

Ya habrá leído usted en *Latitud* la nota, toda equivocada, *como usted sabe*, de ese ¿"A. A."? sobre algunas de las hazañas de Guillén. Yo no contesto nunca a un cobarde anónimo ni a un tercero. Ataco, pero siempre con mi nombre y con mi cara, usted lo sabe bien.

Toda la historia de Domenchina... Yo he visto a Domenchina tres veces en mi vida. Creo en su talento literario y crítico, involucrado todo ello por su espantoso léxico. El hecho es que él me tomó, aprovechando atenciones mías con él, no mayores que con otros, de baluarte para sus revanchas.

También quiero decirle una cosa triste. Cuando el robo de mi casa en Madrid, según carta que tengo a la disposición de usted, el grupo allanador iba capitaneado por "amigos de Bergamín y Salinas", Félix Ros, Carlos Sentís, etc. Sin duda, fueron a buscar libros, manuscritos, cartas y documentos que Bergamín y Salinas querían poseer o hacer desaparecer.

Le agradeceré mucho (se lo he dicho varias veces a Guillermo de Torre) que me envíe usted los libros que está publicando en esas editoriales nuevas, y que el administrador me envíe a su vez la factura de todos ellos. No quiero perder nada de lo que los desterrados que más estimo hagan en América.

Su amigo siempre

J. R.

Washington, 31 de marzo, 46
"Dorchester House"
2480 16th. St. N. W.
Washington, 9, D. C.

Le voy a preparar a usted una antolojía especial mía, si usted la quiere, para la serie "Mirto", sus derechos quiero que sean para que usted los emplee en cualquier cosa relacionada con la poesía.

Esto será a fin de este año, después de dar a Losada mi *Verso desnudo.*»

Terrible y genial siempre, Juan Ramón...

Ya las últimas hojas de mi *Arboleda perdida* están cayendo, ya van neblinándose los últimos renglones de mi vida, aunque mis ojos siguen conservando la suficiente luz para distinguir las flores que brotan en este sencillo y tembloroso jardín, gracias a una mano celestial que, siempre junto a mí, hace el diario milagro de que todo parezca estrenado.

Todo es belleza a mi alrededor, lianas perfumadas me rodean y arrebatan de los aterradores y oscuros abismos de la vejez, de la muerte. Me voy con los ojos llenos de los acontecimientos de un siglo. Un siglo de horrores, de enfrentamientos, de dolorosísimas separaciones, de hechos que habitan en mis bosques interiores y en los que, casi a mis noventa y cuatro años, aún puedo caminar sin perderme entre su frondosidad. Pero no me quiero ir. No quiero morirme. Sigo sin querer morirme. ¿Por qué tengo que morirme? Todavía me retienen muchas cosas, muchos atrayentes sabores que no quiero dejar de percibir.

El año 2000 ya está ahí, casi lo estamos tocando. ¿Será posible que me abra sus puertas? ¿Que pueda atravesarlas compartiendo la dulzura de la piel tersa, los apretados senos, las piernas firmes que no han dejado de estremecerme, a pesar del tiempo?

Lo que recuerdo está como debajo de un vidrio, mi memoria está llena de cristales. La memoria de uno tiene que ir cambiando con la edad, con el pensamiento. La noche funciona: «Hoy tú, mañana yo». Nunca se me ha olvidado esta frase escrita en piedra sobre la puerta del cementerio de El Puerto, rodeada de caracoles y jaramagos. Rara es la hora del día en que no se me presente esta inscripción, tan bonita como sentenciosa. Hay temporadas en las que se duerme mucho y otras que se pasan en claro. Pero nunca sa sabe por qué se está durmiendo. Recuerdo ahora, en mitad de la noche, como una cosa bella de la vida, a la lavandera que venía a casa cuando niño. Qué lejanas y qué cercanas encuentro ahora, en este instante, aquellas mañanas en las que subía a verla con su lebrillo de barro a la cintura, en la azotea de la calle Nevería. Qué fresco y puro. *Amores con la lavandera,* sería bonito título. Por esa época yo vivía con la cabeza para abajo y con los pies para arriba. La vida empezaba al revés. No sé por qué, pero era así. Cuando salía del lavadero al tejado salía al revés, arrastrándome. Era muy misterioso y poético, no estoy inventando literatura alguna... ¿Por qué recordará uno estas cosas y por qué a estas altas horas de la noche?

«Yo nací –¡respetadme!– con el cine.» Mi recuerdo lo limito ahora a unos días, como si de una habitación se recordara sólo el techo, la mampara. Mampara ¡qué linda palabra! Quiero escribir poesía que parezca del sueño, aunque no lo sea, ¡Pepiya, la lavandera...! «Aquí vivieron María Teresa León y Rafael Alberti...» Aquella casa, aquel sitio lo merecía, hay lugares que merecen cosas que uno no les dedica. Aquella terraza merecería un monumento.

Ahora, que ya se han desvanecido tantos falsos e interesados afectos imposibles de mantener, cuando como «los hijos de la mar» machadianos me he ido desprendiendo de lo poco que a lo largo de mi vida he tenido y que para otros ha significado continua inquietud. Ahora, que ya no me siento acosado por personas desveladas en comercializar de forma disparatada cualquier trazo mío, desvalijada y a punto de perderse mi preciosa casa de la Via Garibaldi de Roma por mi ingenua torpeza y la desbaratada y mercantil locura de una persona que se entrometió en mi vida sin comprender todavía cómo... Ahora, que se han ido alejando de mi lado las pequeñas y comprensibles vanidades de equívocos jóvenes impacientes por desmantelar los recuerdos de mi memoria, los libros de mis anaqueles y mis distraídos cuadernos de trabajo. Jóvenes ávidos de llegar a la cima por el camino más rápido, sin la mínima posibilidad de trascender en el tiempo poético...

Cantan, y cuando cantan parece que están solos.
Miran, y cuando miran parece que están solos.
Sienten, y cuando sienten parece que están solos.

Ahora, por vez primera en muchos años, empiezo a sentirme ligero, libre, sin ataduras, con la misma estrenada pureza que cuando escribía mis primeros versos de *Marinero en tierra.* Por eso quiero que vuelva a mí, que retorne a mi alma, a mis dedos, todo aquel prodigio del ayer, todos los colores alcanzados para incorporarlos a este dulce momento de mi vida. «¿Quién con piedad al andaluz no mira / y quien al andaluz su favor niega?» «Por ti el silencio de la selva umbrosa / por ti la esquividad y apartamiento / del solitario monte me agradaba.» «El aire del almena, / cuando ya sus cabellos esparcía, / con su mano serena / en mi cuello hería, / y todos mis sentidos suspendía». Versos exaltados, versos flotando en la humareda de los siglos. Versos de los largos silencios de mi vida y de los felices y amistosos días. Ninfas, fuentes, jardines, doncellas de los Cancioneros más floridos... Jorge Manrique, Garcilaso, San Juan, Lope, Góngora... Gente maravillosa escribiendo en la oscuridad de la noche del tiempo a la luz de un farol. Acudid. Venid todos, enlazaos conmigo hacia la eternidad infinita de la poesía, bebamos el néctar de la misma copa perfumada, de los versos más escondidos y profundos... Embriaguémonos de amor, de virtud, de poesía y de vino... Cuidemos, como soñaba Baudelaire, de estar siempre ebrios:

Adiós, quimeras, ideales, errores.
Adiós, sueños, que acabasteis en nada.
Veo una playa sola y una barca que vuelve
sin nunca haber partido.

Adiós, quimeras, ideales, errores.
Yo nací junto al mar que me alzó en cada ola
el anhelo sin fin de tantos ideales.
Veo una mar desierta, un cielo solo,
de igual color, sin luz los dos, ni sombra.

Adiós, quimeras, ideales, errores.
Nada era equivocado, parecía
todo claro y posible de llegar a la meta.
Veo surcos deshechos, trastocados caminos,
verdades acabadas, disfrazados errores.

Adiós, quimeras, ideales, errores.

Elegía, qué bonita palabra... Expresiva, preciosa. Juan Ramón tiene insuperables libros de elegías, en romances, en verso blanco... «Blancura deslumbrante de mi primer cariño / al toque melancólico y dulce de Diana...», «Todo andaba cargado de juncias y de flores...» Que gran poeta Juan Ramón. Uno, a su lado, ha sido un poetilla regular nada más. Rubén Darío escribió «La tristeza andaluza», versos melancólicos, dichosos... Ha pasado el gran siglo de la poesía y de la pintura española.

Tiempo. Tiempo. ¿Por qué no hay más tiempo? ¿A quién hay que pedir más tiempo...? Mujeres que habéis pasado presurosas por mi vida, cercanas o lejanas ya, hermosas siempre, por encima de los días, de la crueldad del tiempo y del olvido. No adivino ya vuestros rasgos cuando atravesáis mi, todavía, encendido jardín. Pero siempre seréis un delicado y silencioso recuerdo en las páginas de mi perdida arboleda... Todo en mí sigue latiendo. Amo todo aquello que siempre amé, sin advertir la sorpresa de los que ya me contemplan como un árbol centenario al que le crujen las ramas e imaginan sin savia en las venas. Pero pienso, una vez más, en Anacreonte, en la edad del atrayente mar y de las sirenas, en la del incesante viento que a través de los siglos se enreda en el cabello dorado de las muchachas...

Ven. Ven. Así. Te beso. Te arranco. Te arrebato. Te compruebo en lo oscuro, ardiente oscuridad, abierta, negra, oculta derramada golondrina, o tan azul, de negra, palpitante. Oh así, así, ansiados, blandos labios undosos, piel de rosa o corales delicados, tan finos. Así, así, absorbidos, más y más, succionados. Así, por todo el tiempo. Muy de allá, de lo hondo, dulces ungüentos desprendidos, amados, bebidos con frenesí, amor hasta desesperados. Mi único, mi solo, solitario alimento, mi húmedo, lloviznado en mi boca, resbalado en mi ser. Amor. Mi amor. Ay, ay. Me dueles. Me lastimas. Ráspame, límame, jadéame tú en mí, comienza y recomienza, con dientes y garganta, muriendo, agonizando, nuevamente volviendo, falleciendo otra vez, así por siempre, para siempre, en lo oscuro, quemante oscuridad, uncida noche, amor, sin morir y muriendo, amor, amor, amor, eternamente.

Índice onomástico

13 bandas y 48 estrellas, 170, 195
Accidente, 202
Adoum, Jorge Enrique, 87
A galopar (recital), 193
Aguilar (hermanos), 191
Aguirre, Javier, 32
España insólita, 32
Aire y canto de España (recital), 191
A la pintura, 26, 51, 127, 186
Alberti, María, 43
Alberti, Vicente, 42
Alegría, Claribel, 87
Aleixandre, Vicente, 187, 189
Alfonso X el Sabio, 158, 192
Allende, Salvador, 146-147-148
Almanzor, 121
Alonso, Carlos, 211
Alonso, Dámaso, 143-144, 211-212-213
Gozos de la vista, 143
Alonso, José Luis, 79
Altea (nieta de Rafael Alberti), 201
Altolaguirre, Manuel, 122, 171
Amaya (hija de Dolores Ibárruri), 80
Amo, Javier del, 34
Mente y emotividad, 34
Amparitxu (esposa de Gabriel Celaya), 189-190
Ana, Marcos, 56, 66, 84, 86, 91, 112, 115, 191, 203
Anacreonte, 221
Ángeles Ortiz, Manuel, 149
Ángeles, Victoria de los, 99
Anguita, Julio, 98
Ansón, Luis María, 55
Aragon, Louis, 95, 148
El coño de Irene, 95
Aramburu, padre, 160
Arce, Adriana, 201

Arend, Erik, 25-26
Aresté, Antonio, 135-136
El dicharachero, 136
Arias, Salvador, 84, 86
Asenjo y Barbieri, Francisco, 96
Avieno, Rufo Festo, 163
Ora marítima, 163
Azócar, Rubén, 146

Baladas y canciones del Paraná, 172, 210
Balaguer, Asunción, 184
Barbero, Edmundo, 16
Barga, Corpus, 63
Barón, Enrique, 116
Barral, Carlos, 110
Barros, José Luis, 49-50
Barzanti, Roberto, 116
Batista, Fulgencio, 198
Baudelaire, Charles, 62, 220
Bécquer, Gustavo Adolfo, 104, 192
Beethoven, Ludwig van, 82
Bello, Pepín, 133-134, 179
Belmonte, Juan (torero), 82
Benavente, Jacinto, 55
Benedetti, Mario, 87
Bergamín, José, 84, 213, 215-216
Bianco, Helena, 201
Blanco, Amado, 133
Bonet, Antonio, 135
Boscán, Juan, 104
Bosco (Jerónimo Bosch, llamado el), 76, 84
Bravo, Soledad, 96
Brecht, Bertolt, 25
Breton, André, 149
Buñuel, Luis, 36, 50-51-52, 179, 207

Caballé, Montserrat, 67, 81, 83, 203
Caballero, José, 175-176-177
Cuadernos de Huelva, 177
Caballero Bonald, José Manuel, 55, 73, 86
Cabezón, Antonio de, 192
Calderón de la Barca, Pedro, 86
El alcalde de Zalamea, 37
Calvo Sotelo, Leopoldo, 23
Camba, Julio, 55
Canciones para Altair, 66
Cano, Carlos, 73
Cantata de los héroes, 16
Caracola (revista), 189
Carbonero, Moreno, 74
Carlos V, rey, 73
Carpentier, Alejo, 198
Carreras, Josep, 81
Carretero, Eduardo, 72
Carril, Delia del, 145, 147
Casado, Segismundo, 56
Castro, Fidel, 197-198-199, 201
Castro, Raúl, 198, 201
Cela, Camilo José, 43
Cipote de Archidona, 43
La familia de Pascual Duarte, 43
Celaya, Gabriel, 189-190
Cervantes, Miguel de, 18, 23, 51, 58, 85, 90
Numancia, 18, 58, 85
Chaban-Delmas, Jacques, 126
Chacel, Rosa, 70-71, 133
Chacón, José María, 212-213
Chamorro, Pedro, 191-192
Château Margot (zarzuela), 51, 76
Cherubini, Luigi, 81-82-83
Medea, 81

Cid Campeador (Rodrigo Díaz de Vivar, el), 121, 158
Cisneros, Antonio, 87
Claudel, Paul, 63
La anunciación de María, 63
Colón Cristóbal, 170, 174-175
Coplas de Juan Panadero, 200
Cossío, Francisco de, 55
Cruz, San Juan de la, 53, 218
Cuaderno de Rute, 137
Cunard, Nancy, 93

Dalí, Salvador, 36-37-38, 74, 117, 149,169
Darío, Rubén, 120, 137, 172, 178, 219
Cantos de vida y esperanza, 172
David (hijo de María Asunción Mateo), 167, 202, 205
Davis, Bette, 91, 191
De Giorgi, condesa, 155
Dehijas, María, 211
Delaunay, Robert y Sonia, 77
Deneuve, Catherine, 50
Díaz Cortés, Hernán, 158, 193
Diego, Eliseo, 87
Diego, Gerardo, 79
Díez Alegría, José María, 15
Docavo, Ignacio, 139
Duchamp, Marcel, 149, 150
Durán, Gustavo, 214

Echegaray, José, 138
Ekberg, Anita, 148
El adefesio, 26, 58, 137
El alba del alhelí, 137
El ceñidor de Venus desceñido, 34
El hombre deshabitado, 22-23
El hombre que perdió su sombra (película), 164
Elisa (esposa de Jacobo Muchnik), 182
El teatro político de Rafael Alberti, 68
El viento que viene y va (disco), 210
Entre el clavel y la espada, 26, 45-46, 61, 63-64
Entre las ramas de la arboleda perdida (representación teatral), 77, 119, 180
Espert, Núria, 68, 203
Espín, Vilma, 201
Espina, Concha, 113
Espronceda, José de, 166, 197

Falla, Manuel de, 89-90, 92, 192
Concierto en re mayor, 90
Felipe II, rey, 76, 84
Fermín Galán, 160
Fernández, Manuel, 115
Fernández Almagro, Melchor, 214
Fernando VII, rey, 127
Fiore, Elio, 203
Fornarina (amante del pintor Rafael Sanzio de Urbino), 154
Franco, Francisco, 25-26, 63, 67

Gades, Antonio, 201
Gala, Antonio, 103
Galán, Diego, 91
Galán, Fermín, 27, 31, 120
García Gómez, Emilio, 55
García Hernández, Ángel, 36, 38, 55, 58, 71-72, 77, 85, 91, 100, 106-107-108, 122, 134-135, 139, 149, 176, 178, 192
La casa de Bernalda Alba, 58

Los títeres de cachiporra, 58, 85
García Lorca, Isabel, 72
Garciasol, Ramón de, 112
Garrido, José Manuel, 185
Garrigues Díaz-Cañabete, Antonio, 133
Gauguin, Eugène Henri Paul, 68
Gibson, Ian, 73
Granada, en su Granada, 73
Gide, André, 65
Gil de Biedma, Jaime, 65
Diario de un artista seriamente enfermo, 109
Las personas del verbo, 109
Moralidades, 109
Giorgione (Giorgio de Castelfranco, llamado), 64
Girondo, Oliverio, 135
Giuliana (esposa de Mario Veutro), 155
Goethe, Johann Wolfgang von, 70
Góngora y Argote, Luis de, 51, 109, 143, 155, 220
Fábula de Polifemo y Galatea, 42, 143, 155
Soledades, 143
González, Ángel, 135
González Lanuza, Eduardo, 135
González Videla, Gabriel, 147
Goya, Francisco de, 147, 26, 76, 84, 126-127-128, 168
La lechera de Burdeos, 128
Granados, Enrique, 192
Grandío, Roberto, 191-192
Greco (Doménikos Theotokópoulos, llamado el), 17, 25, 50-51-52, 84
San Mauricio, 84
Grünewald, Matthias, 117
Guerra, Alfonso, 138
Guerrero Ruiz, Juan, 184, 214
Guillén, Jorge, 109, 204, 213, 215
Guillén, Nicolás, 196-197
Gutiérrez, Antoni *(El Guti),* 115-116
Gutiérrez-Vega, Zenaida, 212
Corresponsables españoles de José María Chacón, 212

Heine, Heinrich, 70
Hemingway, Ernest, 198
Hernández, Miguel, 56,121-122-123, 182, 208
El rayo que no cesa, 122
Viento del pueblo, 123
Herrera Petere, José, 211
Hierro, José, 112
Hitler, Adolfo, 70
Homenaje a la pintura, 185
Hughes, Langston, 170
Hugo, Víctor, 62

Ibáñez, Paco, 107, 179, 193, 203, 208-209
Ibárruri, Dolores *(La Pasionaria),* 80, 100-101, 103
Invitación a un viaje sonoro, 191
Irene (esposa de Jorge Guillén), 204

Jáuregui, Juan de, 23
Javier (esposo de Paloma Lagunero), 66
Jiménez, Juan Ramón, 90, 113-114, 120, 122, 125, 168, 178, 184, 192, 213, 216, 221
Arias tristes, 113

Baladas de primavera, 113
Guerra en España, 113
Jardines lejanos, 113
Platero y yo, *101*, 114, 178
Joselito (torero), 82, 180
Juan Carlos I, rey de España, 28, 56, 78
Juego de la oca-toro (pintura), 67
Juncal (esposa de Gonzalo Santonja), 181, 203

Kayat, Elías, 90
Keaton, Buster, 27
Kokochinski, Alejandro, 154
Krishnamurti, Jiddu, 34

La amante, 79
La aparición de la Virgen de los Milagros al rey Alfonso X el Sabio (pintura), 107
La arboleda perdida, 13-14-15, 18, 24, 32, 68, 157, 159, 161, 166, 180-181, 201, 213, 217
Ladrón de Guevara (poeta), 72
La farsa del licenciado Pathelin (pintura), 64
Lagunero, Enrique, 67
Lagunero, Paloma, 66
Lagunero, Teodulfo, 66-67, 69, 91-92
Lamarque, Libertad, 191
Las tapadas de Vejer, 67
Latitud (revista), 215
La tragedia optimista, 58
La verdad (periódico), 184
Lavinia (hija y modelo de Tiziano), 168
Lena, Pepita, 163
León, María Teresa, 14, 25, 55-56-57-58-59-60, 65, 84-85-86-87, 91, 103-104, 122, 135, 142, 147, 153, 182, 196, 198, 218
La dama duende, 91
La libertad sobre el tejado, 86
Lirismo del alfabeto, 66
Lirola, padre, 131
Litoral (revista), 137
Llopis, Enrique, 210
López, Karina, 126
López, Vicente, 126
López Rubio, José, 55
Celos del aire, 55
Losada, Gonzalo, 46, 216
Loxa, Juan de, 72
Luis, Leopoldo de, 112
Luna, Ricardo, 42

Machado, Antonio, 27, 56, 73, 107, 111-112-113-114,. 120, 122, 129, 157, 178, 192, 211
Macrí, Oreste, 111-112-113
Madariaga, Salvador de, 55
Magritte, René, 149
Mallo, Maruja, 30, 149
Manresa, Josefina, 122
Manrique, Jorge, 122, 220
María Fernanda (esposa de José Caballero), 177
María Luisa (esposa de José María de la Torre), 203
Marina (nieta de Rafael Alberti), 201
Marinello, Juan, 170, 198
Marinero en tierra, 16, 39, 96, 112, 125, 159, 212, 219
Marrast, Robert, 86, 126
Marta (hija de María Asunción Mateo), 167, 169, 201, 205
Martí, Jaime, 164
Martí, José, 170, 198

Marx, Karl, 28, 35
Mateo, María Asunción, 14, 66-67, 86, 91, 107, 115, 129-130, 153-154, 157, 162-163, 167, 191, 198, 201, 203, 211
Matta, Germana, 151
Marta, Roberto, 72, 149-150-151
La tierra es un hombre (exposición), 150
Maza, Carmen de la, 72
Meinke, Hans, 34, 186, 203
Mejuto, Andrés, 63
Meleagro, 64
Mendívil, Agustín, 126
Menéndez Pidal, Ramón, 212
Menéndez y Pelayo, Marcelino, 212
Merello, Agustín, 42, 159
Miró, Gabriel, 55
Miró, Joan, 66, 149, 204
Molina, Enrique, 87, 135
Molina, Miguel de, 136
Molinari, Ricardo, 135
Moliterno, Olga, 79, 203
Monleón, Ángela, 81
Monleón, José, 81, 87, 181
Montañés, Juan, 124
Moreiro, José María, 59
Morla Lynch, Carlos, 58, 149
Motherwell, Robert, 186
Moy, Paca, 131
Muchnik, Jacobo, 96, 182, 203-204
Muchnik, Mario, 13
Munárriz, Jesús, 70
Muñoz Seca, Pedro, 90, 183
La venganza de don Mendo, 183
Murillo, Bartolomé Esteban, 24

Narváez, Luis de, 192
Navaggiero, 106
Neruda, Laura, 146
Neruda, Pablo, 46, 56, 122, 145-146-147-148, 158, 197
Alturas de Machu Picchu, 145
España en el corazón, 148
Nervo, Amado, 115
Noche de guerra en el Museo del Prado, 25, 73
Nocturno rítmico de la ciudad (pintura), 76

Octubre (revista), 170
Ontañón, Santiago, 16, 18, 57-58-59-60, 85, 86
Unos pocos amigos verdaderos, 59
Ora marítima, 163
Orozco, Olga, 112
Otero, Roberto, 153, 201
Ovidio, 62
Los amores, 62

Paredes, Juan, 63
Parra, Nicanor, 146
Pastor, Catalina, 159
Pedroso, Regino, 197
Pellicena, José Luis, 79-80, 119, 180-181, 203
Penagos, Rafael de, 61, 65, 213
Poemas a Consuelo, 61
Penrose, Roland, 149
Peral, Isaac, 183-184-185
Pérez Bellas, Agustín, 147, 154-155
Pérez de Ayala, Ramón, 55
Pérez de Puig, Erna, 185
Isaac Peral, su obra y su tiempo, 185

Pérez Ferrero, 215
Pérez Galdós, Benito, 50
Tristana, 50
Pessoa, Fernando, 81
Picasso, Pablo, 43, 65, 89, 99, 137, 204
Pinochet, Augusto, 147-148
Pradera, María Dolores, 81

Quatrucci, Carlo, 154

Rabal, Francisco, 87, 164, 184-185, 203, 207-208
Coplas al submarino, 185
Racine, Jean, 63
Britannicus, 63
Ramírez, J. Antonio, 123
Redini, Ángela, 155
Rembrandt, 64
Retornos de lo vivo lejano, 26, 179, 187, 206
Rey, Fernando, 50
Riera, Alfonso, 185
Rilke, Rainer Maria, 70
La canción de amor y muerte del alférez Cristoph Rilke, 70
Rivera Hernández, Manuel, 23, 55, 69, 74-75, 77, 203
Rocío (esposa de Teodulfo Lagunero), 66
Rodrigo, Joaquín, 133,
Rodríguez Acosta, Miguel, 75, 77
Romero, Carmen, 28
Romero de Torres, Julio, 74
Ros, Félix, 215
Rosales, Luis, 55
Rovira, Pascual, 139
Rubén (hijo de Dolores Ibárruri), 80
Rubens, Petrus Paulus, 62-63, 76
Rueda, Salvador, 214
Ruibal, Mercedes, 154-155
Confesiones de volatinera con braga de repuesto al dorso, 155
Y mi voz es tu nombre, 155

Salinas, Pedro, 213-214-215-216
Presagios, 214
Sánchez Cuesta, León, 87
Sánchez de Badajoz, Diego, 87
Sánchez Mejías, Ignacio, 122, 162-163, 175, 180
Sancho, Milagros, 131
Santonja, Gonzalo, 87, 181, 203
Sanzio de Urbino, Rafael, 154
La Galatea (pintura), 154
Saslavski, Luis, 91
Schiller, Friedrich, 70
Schubert, Franz, 99
Segovia, Tomás, 87
Semprún, Jorge, 75
Séneca, 75
Sentís, Carlos, 215
Sermones y moradas, 30
Serrano Plaja, Arturo, 84
Shakespeare, William, 51
Sijé, Ramón, 122
Sobre los ángeles, 17, 30, 32, 117
Sofía, reina de España, 28, 56, 68, 74-75-76-77-78
Soler, Padre, 192
Sopeña, Federico, 74-75
Strauss, Johan, 54
Sur (revista), 64

Tanguy, Ives, 149
Taro, Gerda, 16
Telethusa, 163
Tintoretto, 50

Tiziano, 24, 50, 76, 168
Torre, Guillermo de, 214-215-216
Torre, José María de la, 203
Trautmann, Catherine, 117
Turina, Joaquín, 192

Umbral, Francisco, 53-54

Vaca, Paco, 96, 136
Valle, Juvencio, 146
Van Gogh, Vincent, 68
Vázquez Díaz, Daniel, 75, 77, 175
Vega, Félix Lope de, 86, 213, 220
Vega, Garcilaso de la, 52, 98, 106, 120, 220
Velázquez, Diego, 26
Veronés, Paolo, 50
Verso desnudo, 216
Versos sueltos de cada día, 182
Veutro, Mario, 155
Víctor Manuel, 72
Vidal-Beneyto, José, 116
Vilariño, Idea, 87
Villalón Daóiz, Fernando, 32, 90, 161, 162
Vitier, Cintio, 112

Wagner, Richard, 67
Tristán e Isolda, 67
Whitman, Walt, 170
Winthuysen, Javier de, 125-126

Xirgu, Margarita, 26, 58, 160

Zambrano, María, 55
Zauruk, Ben, 135
Zervos, Christian, 17
Zorrilla, José, 23
Zurbarán, Francisco de, 75-76
San Francisco muerto, 75

Índice

La arboleda perdida

Quinto libro (1988-1996) 7

Índice onomástico 223